ДЕКАДЕНТНАТА УМЕТНОСТ НА БОНБОНИ

Магично патување во 100 задоволства со големина на залак

Андреј Костојчиновски

СОДРЖИНА

ВОВЕД

Влезете во волшебното царство на Декадентната уметност на бонбоните, кулинарско патување кое го надминува обичното и ве повикува во свет каде што секој залак е прослава на најслатките задоволства. Оваа книга за готвење не е само збирка рецепти; тоа е истражување на уметноста, страста и чистата магија што оди во изработката на овие минијатурни ремек-дела. Додека ги вртите страниците, не откривате само како да направите бонбони; се потопувате во приказна за уживање, креативност и радост што доаѓа со споделување на извонредни вкусови.

Бонбоните, оние вкусни конфекции со големина на залак, се повеќе од само десерти; тие се израз на кулинарска финес и доказ за сложеноста на спарувањето на вкусови. Во Декадентната уметност на бонбоните, тргнуваме на патување кое ги открива тајните на создавањето на овие мали задоволства - секое платно за вкус, текстура и визуелна привлечност. Од кадифени ганаши до нежни школки, секој елемент на бонбон е внимателно разгледан, создавајќи искуство што го надминува вкусот.

Воведот во оваа готвачка е покана во светот на чоколадната алхемија, каде едноставните состојки се претвораат во уметност за јадење. Навлегуваме во историјата на бонбоните, истражувајќи ја нивната еволуција од античките времиња до современите креации, покажувајќи како оваа уметничка форма ги плени срцата и непцата на луѓето низ културите.

Но, надвор од историјата и техниката, овој вовед е прослава на радоста што доаѓа од чинот на создавање. Без разлика дали сте искусен чоколаден готвач или љубопитен домашен готвач, процесот на правење бонбони е форма на медитација за јадење - момент да се изгубите во вителот на вкусовите и задоволството да направите нешто навистина посебно.

Затоа, подгответе се да ве однесе во свет во кој декаденцијата се среќава со креативноста и каде секоја бонбона е доказ за радоста на уживањето во слатките моменти во животот. Декадентната уметност на бонбоните не е само готвачка; тоа е покана да ја прифатите магијата на кулинарското создавање и да го издигнете секојдневието во нешто извонредно. Како што тргнуваме на ова вкусно патување, нека започне декаденцијата и нека вашата кујна биде исполнета со слатката симфонија на волшебните бонбони.

ОВОШЕНИ БОНБОНИ

1.Чоколадни бонбони со јогурт и бобинки

СОСТОЈКИ:

САБЛЕ ПАШТА ОД БАДЕМ:
- 155 гр ладен путер (исечен на коцки)
- 105 гр шеќер во прав
- 250 гр универзално брашно
- 40 гр бадемово брашно
- 1 средно јајце
- Прстофат сол

УКРАСУВАЊЕ (ЧОКОЛАДНИ КОЛКИ):
- Црвен какао путер (на пример, црвена малина)
- Бел какао путер
- 900 гр темно чоколадо (калено)

ЈОГУРТ ГАНАШ:
- 295 гр бело чоколадо
- 110 гр грчки јогурт
- 37 гр путер (собна температура)
- 20 гр црвени сушени бобинки со замрзнување (мали парчиња како трошка)

ИНСТРУКЦИИ:

САБЛЕ ПАШТА ОД БАДЕМ:

a)   Во миксер со додаток за лопатка, измешајте ладен путер (исечен на коцки), шеќер во прав, брашно, бадемово брашно и сол. Мешајте додека не добиете конзистентност од презла.

b)   Додадете го јајцето и мешајте додека убаво не се соедини. Не се премешува. Ако има уште некои трошки кои не се вградени, рачно измесете ги во тестото.

c)   За овој рецепт потребни ви се само 70 грама тесто. Преостанатото тесто завиткајте го во просирна фолија и чувајте го во фрижидер или замрзнувач.

d)   Распоредете го тестото помеѓу два плехови и расукајте го со дебелина од 2 мм. Ставете го во фрижидер најмалку еден час додека тестото не се стегне.

e)   Загрејте ја рерната на вентилаторот на 165°C. Извадете го тестото од фрижидер, извадете една хартија за печење и исечете 64 кругови со дијаметар од 2 см.

f)   На плех за печење (по можност перфориран) ставете воздушна подлога. Ставете ги дисковите за тесто на воздушната подлога и поставете друга воздушна подлога над дисковите за тесто. Ако немате воздушни душеци, поставете ги дисковите за тесто на хартија за печење без да ги покривате.

g)   Печете околу 5-10 минути или додека не порумена. Извадете го плехот од рерната и оставете го да се излади. Потоа отстранете ги сабле дисковите.

ДЕКОРАЦИЈА:

h)   Во капакот ставете околу 1 лажица претходно обоен какао путер и ставете ги во машината за топење чоколадо. Поставете ја температурата на машината за топење чоколадо на 31°C.

i)   Потопете ги памучните влошки во алкохол и полирајте ги калапите.

j)   Откако целосно ќе се стопи путерот од какао, обојте ги калапите. За да го постигнете ефектот на мермер, намачкајте со четка од црвениот путер од какао во калапот, потоа употребете го белиот путер од какао и завртете го со четката околу рабовите на црвената боја. Користете различни четки за секоја боја. Откако путерот од какао ќе се стегне по мермерот, целиот калап премачкајте го со бел какао путер, обезбедувајќи рамномерно покривање.

k)   Обликувајте ги лушпите така што ќе ги наполните шуплините на калапот со темно чоколадо. Свртете го калапот наопаку и извлечете го вишокот чоколадо. Избришете го вишокот од калапот и ставете го на страна да се одмори на собна температура и да се кристализира.

ЧОКОЛАДНИ БОНБОНИ ОД ЈОГУРТ И БОБИНСКИ:

l)   Ставете го белото чоколадо во сад и загрејте го во микробранова печка со импулси, мешајќи помеѓу нив, додека чоколадото целосно не се стопи.

m)   Додадете го путерот и изматете додека целосно не се вклопи и изедначи. Оставете го чоколадото да се излади на околу 35°C или пред повторно да почне да згуснува, потоа додадете го јогуртот и изматете додека ганашот не стане мазен и хомоген. Префрлете се во кеса за цевки.

n)   Кога ганашот е околу 30-33°C, цедете го во подготвените калапи. Оставете доволно простор за сабле и бобинки. Посипете малку замрзнато сушени бобинки одозгора и завртете ги со чепкалка за заби.

o) Одозгора ставете сабле колаче и малку притиснете го во ганашот, така што ганашот и сабле колачето се израмнат. Оставете го ганашот да одмори додека не се кристализира и зацврсти.

p) Повторно изматете го вишокот темно чоколадо од калапот. Затворете ги бонбоните така што ќе ги наполните со темно чоколадо и ќе го изгребете вишокот. Ставете ги калапите во фрижидер и оставете ги да се стегнат неколку часа.

q) Извадете ги од фрижидер, малку свиткајте го калапот за да се олабават бонбоните, а потоа расклопете. Ако некои бонбони се уште се заглавени, ставете ги во фрижидер подолго време. Можете да уживате во бонбоните веднаш по раскалапувањето.

2.Бонбони од розова вода од малина

СОСТОЈКИ:

ЗА КРЕМОТ ОД МАЛИНА:
- 100 гр свежи или замрзнати малини
- 1 лажица мед
- 120 гр бело чоколадо
- 10 гр омекнат путер
- 1,5 лажичка балсамико оцет
- 3 лажички розова вода
- 30 ml густа павлака

ЗА ШОКОЛКАТА:
- 200 гр 65% темно чоколадо
- 1% какао путер во прав

ИНСТРУКЦИИ:

a) Одмрзнете ги малините на собна температура и изгмечете ги со вилушка. Испасираните малини поминете ги низ сито за да се исцедат семките и да се создаде пире од малини.

b) Во тенџере измешајте ги пирето од малини и медот. Загрејте на тивок оган додека не се згусне во сируп од малини. Оставете да се излади, а потоа додадете балсамико и розова вода.

c) Загрејте ја густата павлака додека речиси не зоврие, па тргнете ја од оган и додадете ја белата чоколада. Мешајте додека не се изедначи. На 35°C додадете го омекнатиот путер и измешајте додека целосно не се вклопи. На крај додадете го пирето од малини и добро промешајте.

d) Намалете го темното чоколадо и подгответе ги чоколадните лушпи. Ставете ги во фрижидер пет минути да се стегнат.

e) Ставете го кремот од малини во лушпите, оставајќи простор за затворање и вратете ги во фрижидер уште 15 минути.

f) Запечатете ги бонбоните со калено чоколадо.

g) По половина час во фрижидер извадете ги готовите бонбони од калапот.

3.Бонбони од јагоди

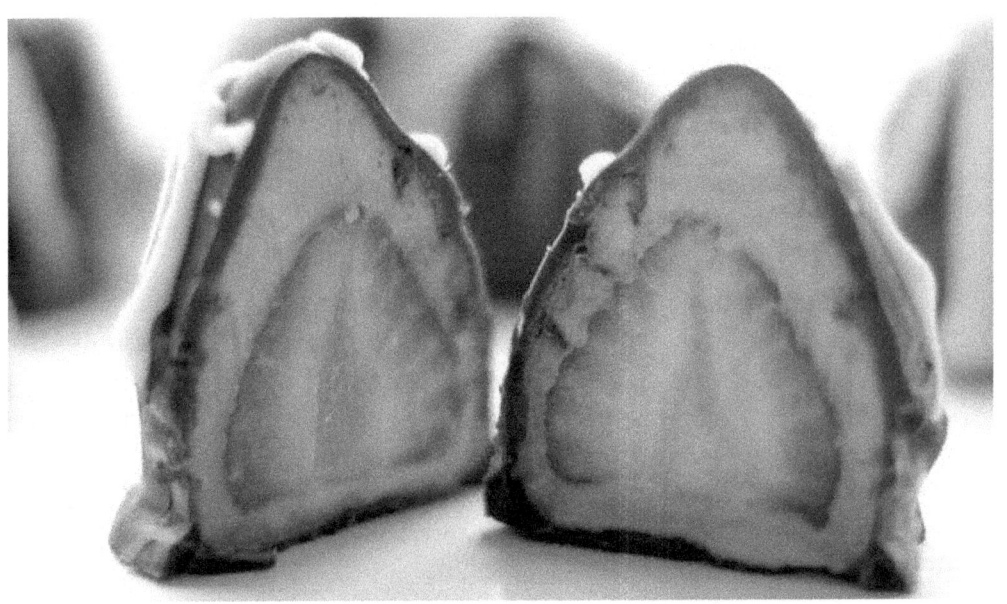

СОСТОЈКИ:

- 1 конзерва (14 oz) засладено кондензирано млеко (не испарено)
- 1 лажица несолен путер
- 1/4 чаша незасладен кокос
- 12 до 16 мали јагоди
- 1 бар (8 oz) темно чоколадо за печење
- 2 1/2 oz бело чоколадо за печење или квадрат

ИНСТРУКЦИИ:

a) Намачкајте чинија со несолен путер. Оставете го на страна.

b) Во тешко нелепливо тенџере од 4 литри, загрејте го засладеното кондензирано млеко, 1 лажица несолен путер и кокосот додека не почне да врие. Мешајте постојано со дрвена лажица.

c) Намалете ја топлината на средно-ниско и продолжете со готвењето со постојано мешање 10 до 15 минути или додека смесата не стане густа, сјајна и не почне да се трга од дното и од страните на тавата. Ќе знаете дека е готово кога ќе ја навалите тавата, а смесата лесно се лизга надолу.

d) Префрлете ја смесата во намастената чинија.

e) Ставете го во фрижидер или замрзнувач додека смесата не стане многу ладна.

f) Во меѓувреме, измијте ги јагодите и извадете ги нивните стебла. Темелно исушете ги јагодите користејќи крпа или хартиена крпа. Тие мора да бидат целосно суви пред да ги направат бонбоните.

g) Намачкајте ги рацете со несолен путер. Соберете една голема лажица ладна смеса од кокос и израмнете ја на дланка. Над неа ставете јагода и завиткајте ја смесата од кокос за да одговара на обликот на јагодата. Повторете го овој процес за да ја искористите смесата од кокос. Покриените јагоди ставете ги во замрзнувач 15 минути.

h) Во меѓувреме, користете двоен котел или микробранова печка за да го стопите темното чоколадо. Покријте го листот за колачиња со пергамент за готвење или восочена хартија.

i) Користете вилушка за да ги испуштите покриените јагоди една по една во стопената темна чоколада. Добро премачкајте ги со чоколадо и потоа извадете ги со помош на вилушка. Допрете ја вилушката неколку пати на садот за да го отстраните вишокот чоколадо.

Повторно ставете ги на листот за колачиња, со рамна страна надолу. Ставете го во фрижидер додека не се стегне чоколадото.

j) Користете двоен котел или микробранова печка за да го стопите белото чоколадо. Растопеното бело чоколадо ставете го во кесичка за замрзнување и исечете го врвот за да се прелие чоколадо врз бонбоните. Алтернативно, стопеното бело чоколадо ставете го во цедено шише за преливање. Ставете го во фрижидер додека не се стегне чоколадото.

k) За да ги подарите, ставете ги во кутии за подароци за храна и украсете ги како што сакате.

l) Чувајте ги бонбоните во фрижидер и послужете ги во рок од 24 часа.

4.Чоколадни бонбони од кајсија

СОСТОЈКИ:
ДЕКОРАЦИЈА:
- 40 гр калено портокалово какао путер
- 40гр калено полесен портокал какао путер
- 40 гр калено бело какао путер
- 1 лажица калено црн какао путер

КАЈСИЈА КОНФИТ:
- 420 гр пире од кајсии (10% шеќер)
- 48 гр шеќер
- 4 лажички сок од лимон
- 9 g пектин nh

ТЕМНО ЧОКОЛАДНО ГАНАШ:
- 130 гр темно чоколадо
- 70 гр дебела павлака

ЧОКОЛАДНИ КОЛКИ:
- 800 гр калено темно чоколадо

БАРАЊА ЗА МАТЕРИЈАЛ:
- 2 поликарбонатни калапи за чоколадо (CW2295)
- Скрепер
- 2 вреќи за цевки
- Чист алкохол (најмалку 94%)
- Памучни влошки
- Термометар (по можност ласерски)
- 2 четки
- Пиштол за прскање и компресор (опционално) или 2 широки четки

ИНСТРУКЦИИ:
ДЕКОРАЦИЈА:
a) Полирајте ги вашите калапи со алкохол користејќи памучни влошки.

b)   Земете четка, натопете ја во калениот бел какао путер и попрскајте ја преку калапот со допирање на четката од приближно 10 см растојание.

c)   Повторете го претходниот чекор со црн путер од какао.

d)   Во пиштолот за прскање додадете го портокаловиот путер од какао и испрскајте едната страна. Исчистете го пиштолот за прскање пред да го користите посветлиот портокалово путер од какао, бидејќи ќе стане потемно ако не го исчистите.

e) Остатокот од калапот попрскајте го со полесниот портокал.

f) Грубо исчистете ја внатрешноста на пиштолот за прскање со хартиена крпа и додадете го белиот путер од какао. Покријте ги сите шуплини со бел какао путер за да спречите темната чоколада да свети.

g) Исчистете ја површината на калапот помеѓу секој чекор на боење. Ако немате пиштол за прскање, користете четки за да ги обоите вашите шуплини.

КАЈСИЈА КОНФИТ:

h) Ставете ги шеќерот и пектинот во помал сад и изматете додека пектинот рамномерно не се распореди во шеќерот.

i) Додадете го пирето од кајсии во тенџере и загрејте го на приближно 40°C.

j) Посипете ја мешавината шеќер-пектин во пирето додека постојано матете.

k) Пирето се става да зоврие и се вари околу 2 минути.

l) Тргнете го од оган и додадете го сокот од лимон.

m) Префрлете го конфитот во сад и покријте го со фолија допирајќи ја површината.

n) Кога конфитот е на собна температура, емулгирајте го со рачен блендер и префрлете го во кеса за цевки.

ТЕМНО ЧОКОЛАДНО ГАНАШ:

o) Ставете чоколадо и дебела павлака во сад и растопете ги во микробранова печка во импулси, мешајќи помеѓу нив.

p) Емулгирајте го ганашот со рачен блендер и оставете го да се излади на приближно 35°C.

q) Префрлете ја ганашот во кеса за цевки.

r)

ЧОКОЛАДНИ ШОКОЛАДНИ И СОБРАНИЕ:

s) Осигурајте се дека путерот од какао е целосно кристализиран. Ова обично не трае долго.

t) Калапите изматете ги со калено темно чоколадо и оставете го чоколадото да кристализира.

u) Ставете го конфитот од кајсија во шуплините, рамномерно распоредете ги меѓу сите бонбони.

v) Истурете го ганашот од темно чоколадо, оставајќи мала празнина од врвот за затворање.

w) Оставете ги калапите на собна температура додека не се стегне ганашот.

x) Затворете ги бонбоните со преостанатото калено темно чоколадо и ставете ги во фрижидер.

y) Откако чоколадото ќе се кристализира, извадете ги бонбоните од калапите.

5.Чоколадни бонбони од малина рубин

СОСТОЈКИ:

- 150 g Callebaut бело чоколадни калети
- 50 g Callebaut Ruby чоколадо
- 2 g (1 кафена лажичка) какао путер во прав (за калење чоколадо, по избор)
- 15 замрзнати малини

ИНСТРУКЦИИ:

a) Исчистете го калапчето Silikomart Choco Flame за да ги отстраните сите потенцијални остатоци.

b) Стопете ги и изматете ги двете чоколади. Користете термометар, како што е пиштол за термометар со инфрацрвени зраци, за да ја измерите температурата на чоколадата додека калете.

c) За калење: Растопете го чоколадото на 45°C (113°F), а потоа оставете го да се излади на собна температура до 32°C (89,6°F). Додадете 1% какао путер во прав во стопеното чоколадо, што е 2 g (1 лажичка) за одредената количина чоколада. Можете да користите кој било путер од какао до кој имате пристап. Добро измешајте го путерот од какао со чоколадото.

d) Алтернативно, можете да го користите методот на сеење за калење. За повеќе совети за калење чоколадо, погледнете ги советите погоре.

e) Ставете ги двете чоколади во калапот, ставајќи по една замрзната малина во секоја шуплина.

f) Внимателно допрете го калапот неколку пати на кујнскиот пулт за да ги ослободите потенцијалните мали воздушни меури.

g) Измазнете го врвот на чоколадите со офсет шпатула.

h) Оставете го чоколадото да се стегне или на собна температура 30-60 минути, во фрижидер 15-30 минути или во замрзнувач 5-10 минути.

i) Ако чоколадото е правилно калено, бонбоните треба лесно да се извадат од калапот.

6.Бонбони од лимонада од малина

СОСТОЈКИ:

ЗА ПОЛНЕЊЕ:
- 150 гр бело чоколадо
- 25 гр несолен путер
- 2 лажици пире од малини
- Кора од еден лимон
- 1/2 лажиче сок од лимон

ЗА ЧОКОЛАДЕН ПРЕГЛЕД:
- 200гр бело чоколадо, за потопување
- Розова боја за храна (опционално)
- Жолта боја за храна (опционално)

ЗА ГАРНИР:
- Кора од лимон
- Свежи малини

ИНСТРУКЦИИ:

ПРАВЕЊЕ НА ПОЛНЕТО:

a) Во сад отпорен на топлина измешајте ги белото чоколадо и несолениот путер. Растопете ја смесата во микробранова печка со интервали од 20 секунди, мешајќи измеѓу додека не се изедначи.

b) Измешајте ги пирето од малини, кората од лимон и сокот од лимон додека убаво не се соединат.

c) Оставете ја смесата малку да се излади, а потоа префрлете ја во кеса за цевки.

d) Ставете го филот од лимонада од малина во силиконскиот калап за бонбони, пополнувајќи ја секоја шуплина до врвот. Допрете го калапот за да ги отстраните сите воздушни меури.

e) Ставете го калапот во фрижидер и оставете ги бонбоните да се стегнат најмалку 2 часа.

ИЗРАБОТКА НА ЧОКОЛАДНИОТ ПРЕГЛЕД:

f) Се топи белото чоколадо за потопување во сад за микробранова печка со интервали од 20 секунди, мешајќи додека не се изедначи. По желба додадете неколку капки розова и жолта боја за храна за да постигнете нежно розова боја.

СОБРАНИЕ:

g) Извадете ги бонбоните од силиконскиот калап и ставете ги на решетка со послужавник или хартија за пергамент одоздола за да не капе.

h) Растопеното чоколадо рамномерно прелијте го врз секоја бонбона, обезбедувајќи целосна покриеност.

i) Користете офсет шпатула за да го измазните чоколадото и да го отстраните вишокот.

j) Украсете ги бонбоните со кора од лимон и врз секоја ставете по една свежа малина.

k) Оставете ја чоколадната обвивка да се стегне околу 15 минути на собна температура или можете да ги ставите бонбоните во фрижидер за да го забрзате процесот.

l) Откако ќе се стегне облогата, префрлете ги бонбоните во чинија или кутија за сервирање.

7.Кокосови бонбони

СОСТОЈКИ:

- 15 унци засладено кондензирано млеко
- ½ чаша путер или маргарин
- 2 шолји шеќер за слатки
- 12 унци кокос, рендан сушен
- 24 унци полуслатка чоколада
- 4 лажици Скратување

ИНСТРУКЦИИ:

a) Измешајте кондензирано млеко, путер, шеќер и кокос. Покријте со восочна хартија и ладете 24 часа.

b) Растопете чоколадо со кратење. Смесата од кокос расукајте ја во топчиња и со виљушка потопете ја во чоколадо.

c) Капкајте на восочна хартија да се излади и суши.

8.Јузу бонбони

СОСТОЈКИ:

- 1 чаша Путер
- ⅓ чаша Преработен шеќер
- ¾ чаша Пченкарен скроб
- 1¼ чаша Просеано брашно за сите намени
- ½ чаша Пекан , ситно сецкани

БОН БОН ФРОСТИНГ :

- 1 кафена лажичка Путер
- 2 лажици сок од јузу

ИНСТРУКЦИИ:

a) Измешајте го путерот со шеќерот додека не стане многу лесен и поматен.

b) Додадете пченкарен скроб и брашно, добро измешајте. Ставете го во фрижидер додека не е лесно да се ракува.

c) Загрејте ја рерната на 350 степени. Обликувајте го тестото во топчиња од 1 инчи.

d) Ставете топчиња на пеканите, и расфрлете ги на восочена хартија.

e) Израмнете го со дното на чашата натопена во брашно.

f) Со шпатула ставете колачиња на ненамачкан лист за колачиња, со навртката нагоре.

g) Печете 15 минути. Кул.

h) Фрост со Бон Бон Фрстинг.

БОН БОН ФРОСТИНГ :

i) Измешајте го путерот и сокот од јузу додека не се изедначи.

j) Над секое колаче се врти замрзнување.

9.Бонбони со розова лимон

СОСТОЈКИ:

- 1 чаша Путер
- ⅓ чаша Преработен шеќер
- ¾ чаша Пченкарен скроб
- 1¼ чаша Просеано брашно за сите намени
- ½ чаша Пекан , ситно сецкани

БОН БОН ФРОСТИНГ :

- 1 кафена лажичка Путер
- 2 супени лажици Лимонада
- 1 розова боја за храна

ИНСТРУКЦИИ:

k)   Измешајте го путерот со шеќерот додека не стане многу лесен и поматен.

l)   Додадете пченкарен скроб и брашно, добро измешајте. Ставете го во фрижидер додека не е лесно да се ракува.

m) Загрејте ја рерната на 350 степени. Обликувајте го тестото во топчиња од 1 инчи.

n)   Ставете топчиња на пеканите, и расфрлени на восочена хартија.

o)   Израмнете го со дното на чашата натопена во брашно.

p)   Со шпатула ставете колачиња на ненамачкан лист за колачиња, со навртката нагоре.

q)   Печете 15 минути. Кул.

r)   Фрост со Бон Бон Фрстинг.

БОН БОН ФРОСТИНГ :

s)   Измешајте го путерот, прехранбената боја и адата од лимон додека не се изедначи.

t)   Над секое колаче се врти замрзнување.

10.Бонбони од урми и смокви

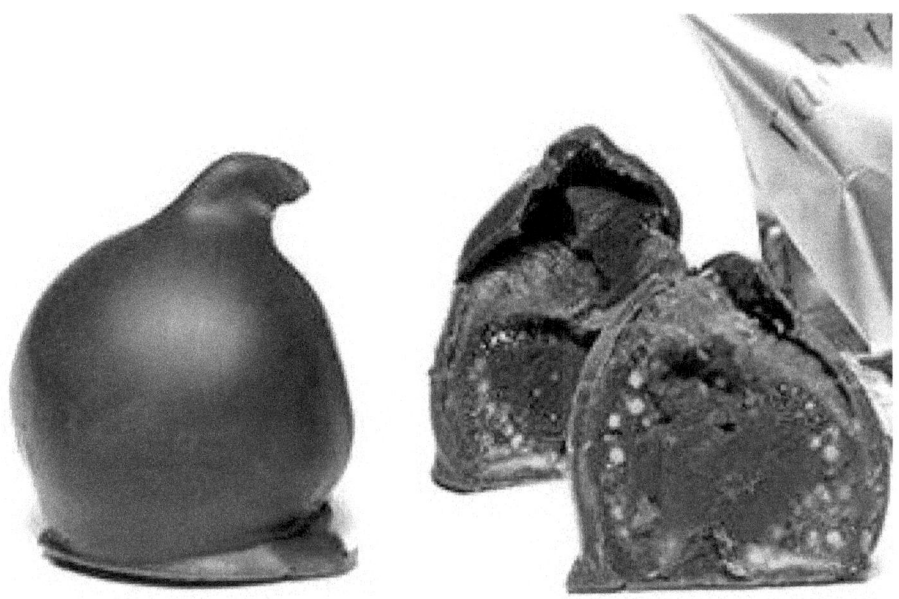

СОСТОЈКИ:

ЗА ПОЛНЕЊЕ:
- 200 гр урми
- 200 гр суви смокви
- 1-2 лажици вода (по потреба)

ЗА ШОКОЛКАТА:
- 200 гр 65% темно чоколадо
- 2 g (1%) путер од какао во прав

ИНСТРУКЦИИ:

ПОДГОТВЕТЕ ГО филот:

a) Извадете ги јамите од урмите и грубо исечкајте ги.

b) Сувите смокви исечкајте ги на ситни парчиња.

c) Ако смесата е премногу сува за лесно да се обликува во бонбони, додадете 1-2 лажици вода за да ја направите поиздржлива.

d) Урмите и смоквите изблендирајте ги во процесор за храна додека не добиете леплива паста.

e) Извадете мали порции од пастата од урми и смокви и превртете ги во мали топчиња или други посакувани форми.

f) Обликуваните филови ставете ги на плех обложен со хартија за печење и ставете ги во фрижидер околу 30 минути за да се стегнат.

ПОДГОТВЕТЕ ГО ЧОКОЛАДНАТА ШОКОЛА:

g) Растопете ги 200 g 65% темно чоколадо со двоен котел или микробранова печка во интервали од 20-30 секунди, мешајќи помеѓу нив.

h) Откако чоколадото ќе се стопи, измешајте 2 g (1%) путер од какао во прав додека целосно не се вклопи. Ова ќе помогне да се даде на чоколадната лушпа убав сјаен финиш и да се подобри нејзината текстура.

ФИЛОТ ПРЕМАШТЕТЕ ГО:

i)   Изладениот фил од урма и смокви извадете ги од фрижидер.

ј)   Со помош на виљушка или алатка за мелење бонбон, потопете го секое парче полнење во смесата од чоколадо, осигурувајќи дека е целосно премачкано.

k)   Оставете го вишокот чоколадо да капе назад во садот.

l)   Поставете ги премачканите бонбони на плехот обложен со хартија за пергамент.

m) Оставете ги да се стегнат на собна температура или во фрижидер. Чоколадото ќе се стврдне додека се лади.

n)   Откако чоколадната лушпа целосно ќе се стврдне, вашите бонбони од урма и смокви се подготвени за уживање.

o)   Можете да ги чувате во херметички сад на ладно место.

11.Бонбони од рум суво грозје

СОСТОЈКИ:

Суво грозје натопено со рум:
- 100 гр природно зелено суво грозје
- Темен рум - колку да го покрие сувото грозје

РАМ ГАНАШ:
- 50 гр темно чоколадо (68% какао маса)
- 25 g темно чоколадо (50% какао маса)
- 50 гр шлаг
- 5 ml темен рум (јас користам Myer's Rum)

ЧОКОЛАДНА ШОКОЛА:
- 200гр темно чоколадо (50% какао маса), ситно сечкано

ИНСТРУКЦИИ:

ПОДГОТВЕТЕ СУВО ГОЗЈЕ НАтопено со рум:

a) Зеленото суво грозје ставете го во мала шолја и прелијте го со доволно темен рум за целосно да го покрие сувото грозје.

b) Оставете го сувото грозје да кисне најмалку 12 часа или преку ноќ.

НАПРАВЕТЕ ГАНАШ РУМ:

c) На тивок оган ставете го шлагот да зоврие, па тргнете го од оган.

d) Додадете го темното чоколадо во тавата и мешајте додека целосно не се стопи.

e) Истурете го темниот рум и продолжете да мешате.

f) Оставете ја смесата од ганаш да се излади на собна температура, а потоа префрлете ја во кеса за цевки.

КАЛЕЊЕ НА ЧОКОЛАДАТА ЗА ШОКОЛА:

g) Варете ја тавата со вода, па оставете ја да се излади на 60-65°C.

h) Ставете 140 гр ситно сечкана темна чоколада во сад и ставете го садот над топла вода, осигурувајќи се дека водата не го допира садот.

i) Мешајте додека чоколадото целосно да се стопи и да достигне температура од 40°C.

j) Извадете го садот од топла вода и додадете 60 грама од преостанатото темно чоколадо, по малку, мешајќи додека не се стопи целото чоколадо. Температурата треба да биде околу 28°C. Ако чоколадото не се стопи целосно, можете да користите фен за коса.

k) Повторно ставете го садот над садот за топла вода и мешајте додека температурата не достигне 31°C. Чувајте го чоколадото на оваа температура; сега е подготвен за употреба.

СОЗДАДЕТЕ ЧОКОЛАДНИ КОЛКИ:

l) Каленото чоколадо истурете го во калапите за бонбони, внимавајќи да ги покрие сите шуплини.

m) Нежно допрете го калапот за да ги ослободите заробените воздушни меури.

n) Превртете го калапот наопаку за да се исцеди вишокот чоколадо.

o) Оставете го чоколадото да се излади, што може да се забрза со ставање на калапот во фрижидер околу 20 минути.

СОБРАТЕТЕ ГИ БОНБОНИ:

p) Кога лушпите од чоколадо ќе се стврднат, ганашот од рум се цеди во лушпите.

q) Над ганашот ставете едно или две натопени суво грозје.

r) Над сувото грозје ставете слој од ганаш.

s) Покријте со уште еден слој од изматеното чоколадо.

t) Оставете ги бонбоните да се изладат и да се стврднат (и за овој чекор можете да го користите фрижидерот).

u) Нежно турнете го калапот за да ги ослободите чоколадните бонбони.

12.Чоколадни акаи бонбони

СОСТОЈКИ:

- ½ Акаи пире
- ¼ шолја кокосово масло, стопено
- Отстранети се ½ шолја Меџол Датми јами
- ¼ чаша семе од коноп
- 2 лажици Какао во прав
- 2 лажици мед
- Нотка чоколаден сос за тркалање

ТОПИНГ:

- Пчелен полен
- Кокосови снегулки
- Нибс од какао
- Cayenne прав

ИНСТРУКЦИИ:

a) Во процесор за храна, комбинирајте акаи, кокосово масло, урми, кокосови снегулки, семе од коноп, какао во прав, мед и сол.

b) Ставете ја смесата во сад, покријте ја и ладете ја најмалку еден час. Откако смесата ќе се стврдне, извадете топчиња со големина на лажичка. Секое топче превртете го во чоколаден прелив. Погрижете се да бидат целосно покриени, па оставете ги на страна да се стврднат.

c) Пред целосно да се стегне чоколадото, посипете го со преливот.

13.Бонбони за чизкејк од малини

СОСТОЈКИ:

- 2 лажици тежок крем
- 8 унци крем сирење, омекнат
- ½ шолја превртување во прав
- Нотка морска сол
- 1 лажичка ванила стевиа
- 1 ½ лажичка екстракт од малина
- 2-3 капки природна црвена боја за храна
- ¼ шолја кокосово масло, стопено
- 1 ½ шолја чоколадни чипсови, без шеќер

ИНСТРУКЦИИ:

a) За почеток, користете миксер за темелно да ги соедините шверцот и крем сирењето до кремаста боја.

b) Комбинирајте го кремот, екстрактот од малина, стевиата, солта и прехранбената боја во голем сад за мешање.

c) Уверете се дека сè е добро комбинирано.

d) Додадете го вашето кокосово масло и измешајте додека сè не се соедини темелно.

e) Не заборавајте да ги стругате страните на садот толку често колку што треба да завршите. Оставете го да отстои во фрижидер еден час. Истурете го тестото во топка за колачиња со дијаметар од околу ¼ инчи, а потоа на лист за печење што е подготвен со хартија за печење.

f) Замрзнете ја оваа смеса еден час, а потоа премачкајте ја со стопеното чоколадо за да заврши! Пред послужување треба да се стави во фрижидер уште еден час да се стегне.

14.Бонбони со ѓумбир од портокал

СОСТОЈКИ:

- 8 унци темно чоколадо, ситно сечкано
- ½ чаша густ крем
- 2 лажици несолен путер, на собна температура
- Кора од 1 портокал
- ½ лажичка мелен ѓумбир
- Гранулиран шеќер или кора од портокал, за премачкување

ИНСТРУКЦИИ:

a) Сечканото темно чоколадо ставете го во сад отпорен на топлина.

b) Во мало тенџере загрејте ја густата павлака на средна топлина додека не почне да крцка. Тргнете од оган.

c) Истурете го врелиот крем врз сечканото чоколадо и оставете го да отстои непречено 1-2 минути.

d) Нежно мешајте ја смесата додека чоколадото целосно не се стопи и изедначи.

e) Додадете го путерот, кората од портокал и мелениот ѓумбир. Мешајте додека целосно не се вклопи.

f) Покријте го садот со пластична фолија и ставете го во фрижидер најмалку 2 часа или додека не се стегне.

g) Со помош на лажичка или мала топка, исечете го ганашот и расукајте го во топчиња.

h) Виткајте ги бонбоните во гранулиран шеќер или дополнителна кора од портокал за премачкување.

i) Чувајте ги БОНБОНИ во фрижидер додека не се подготвени за сервирање.

15.Чоколадни бонбони од авокадо

СОСТОЈКИ:

- 1 лажичка екстракт од ванила, без шеќер
- 3 ½ унци темно чоколадо
- 1 Авокадо, без јали и излупено
- ¼ шолја кокосово путер
- ½ лажичка цимет
- 2 лажици какао во прав
- Морска сол по вкус
- Стевиа по вкус

ИНСТРУКЦИИ:

a) За почеток, подгответе двоен котел за да го стопите темното чоколадо, а потоа подгответе процесор за храна за да го преработите. Во процесор за храна, измешајте ги авокадото, кокосовиот путер, циметот, есенцијата од ванила, стевиата и морската сол додека не се соединат добро. Пулсирајте додека смесата не се изедначи.

b) Полека сипете ја растопената чоколада и убаво измешајте.

c) Оставете ја оваа смеса да отстои во фрижидер еден час. Извадете десет топчиња и валкајте ги во какао во прав за да ги премачкате темелно.

d) Оставете ги топчињата да се оладат петнаесет минути во фрижидер пред да ги презентирате на гостите.

16.Датумски бонбони

СОСТОЈКИ:

- 10 урми, сушени и без јами
- 2 лажички ашваганда во прав
- ½ чаша темно или полуслатко чоколадо
- 1 лажичка кокосово масло, рафинирано
- Морска сол и сусам за прелив

ИНСТРУКЦИИ:

a) Користејќи блендер или процесор за храна, изблендирајте ги урмите и ашвагандата во паста.

b) Се тркалаат во мали топчиња. Ако е премногу лепливо за обликување, ставете го во фрижидер 10 минути.

c) Во меѓувреме, загрејте ги чоколадните чипови и кокосовото масло во мала тава на средна топлина. Мешајте често.

d) Потопете ги топчињата со урми во чоколадото за да ги премачкате и спасете ги со лажица.

e) Се ставаат на плех обложен со хартија за печење и се посипуваат со морска сол и сусам.

f) Ставете го во фрижидер или замрзнете да се излади и ставете го чоколадото.

17.Чоколадни бонбони од цреши

СОСТОЈКИ:

- 14 унци темно чоколадо, искршено на мали парчиња
- ¾ чаша густ крем
- ½ чаша сушени цреши, ситно сецкани
- 2 лажици балсамико оцет
- Прстофат сол
- ½ шолја какао во прав

ИНСТРУКЦИИ:

a) Во средно тенџере, растопете ја чоколадата и густата павлака на средна топлина додека не се изедначи, постојано мешајќи.

b) Измешајте цреши, оцет и сол; добро измешајте.

c) Истурете ја чоколадната смеса во тавче за печење од 8 x 8 инчи и ставете го во фрижидер околу 2 часа или додека не се стегне.

d) Ставете какао во прав во сад.

e) Со помош на балер за дињa или цврста мерна лажица, извалкајте 1 лажица чоколадна смеса.

f) Се тркалаат во мазна топка помеѓу дланките; чоколадото ќе биде неуредно.

g) Ставете го во какао во прав и тркалајте ја топката додека не се премачка рамномерно; повторете додека не се искористи целата чоколадна смеса.

h) Ставете ги бонбоните во фрижидер додека не се подготвени за сервирање.

18.Портокалови бонбони

СОСТОЈКИ:

- 16 унци темно чоколадо
- 1 чаша тежок шлаг
- 1 портокал
- 1 шолја какао во прав

ИНСТРУКЦИИ:

a) Чоколадото исечкајте го на рака или во процесор за храна. Потребна е униформа големина. Стремете се кон големина што е помала од грашок, но поголема од прав.

b) Внимавајте да не го стопите чоколадото. Откако ќе се исецка чоколадото, префрлете го во средно стаклен сад за матење.

c) Загрејте во микробранова печка 30 секунди на мала јачина за да се загрее садот и малку да омекне чоколадото.

d) Во стаклена чаша од 16 унца, внимателно доведете го кремот само до вриење во микробранова печка.

e) Кога кремот ќе почне да врие, брзо ќе се искачи на страните, па проверувајте на секои 15 секунди или така по првата минута.

f) Брзо, но внимателно прелијте го жешкиот крем врз чоколадото одеднаш. Со помош на стапче за мешање, потопете ги сите чоколадни насипи во кремот.

g) Почекајте цела минута чоколадото да почне да се топи пред да започнете со следниот чекор.

h) Направете емулзија со мешање само во центарот на садот со стапчето за мешање во мали, но брзи кругови, додека ганашот не изгледа сјаен и темен. Како што се формира емулзијата, можете постепено да мешате во поголеми и поголеми кругови додека не се соедини целиот сад. Целиот овој процес треба да трае не повеќе од 2 минути.

i) Ганашот може да има уште неколку парчиња цврсто чоколадо во него.

j) Тие може внимателно да се стопат со загревање во микробранова печка не повеќе од 8 секунди одеднаш.

k) Мешајте најмалку 1 минута пред повторно да се загреете доколку е потребно. Внимавајте да не се прегрее ганашот. Ова може да предизвика скршење на емулзијата и раздвојување на маснотиите, со што ќе се уништат бонбоните.

l)   Излупете го портокалот преку садот за да соберете што е можно повеќе портокалово масло. Внимавајте да не излупете премногу длабоко, бидејќи ќупката може да биде многу горчлива. Измешајте ја кората.

m) Наполнете го пергаментниот конус до половина со ганаш и исечете отвор од ¼ инчи на дното на конусот. Ставете ја ганашот во мали могили со големина на Hershey Kiss на хартија за пергамент. Оставете да се стегне, ако е потребно во фрижидер 10 минути.

n)   Носејќи ракавици, брзо изматете ги насипите во груба форма на топка и оставете ги на пергаментна хартија.

o)   Поминете не повеќе од 2 до 3 секунди на секој тартуф, или може да се стопи премногу со топлината на вашите раце. Ако рацете ви се жешки, користете двојни ракавици и работете уште побрзо. Откако сите бонбони ќе бидат грубо обликувани во топка, секоја брзо тркалајте ја меѓу дланките за да направите позаоблени бонбони.

p)   Со лажица премачкајте ги бонбоните со тркалање во плиток сад или чинија со какао во прав.

q)   Чувајте го во херметички сад во фрижидер до 3 дена

19.Бонбони од јагода-лимонада

СОСТОЈКИ:

- 26 унци бело чоколадо, поделено
- 6 лажици путер
- 1 лажица кора од лимон
- 1 лажичка сок од лимон
- ⅓ лажичка винска киселина Стиснете сол
- 2 лажици конзерви од јагоди

ИНСТРУКЦИИ:

a) Намалете го целото бело чоколадо со методот овде и проверете дали имате добар темперамент со тоа што ќе намачкате малку чоколадо на шанкот.

b) Ова треба да се постави во рок од 2 минути. Поставете 16 унци настрана.

c) Омекнете го путерот во микробранова печка, а потоа месете го во пергаментна перница (видете овде) додека путерот не се загрее и не стане густина на кремот за лице.

d) Измешајте го путерот во 10 унци калено чоколадо додека смесата добро не се соедини и изгледа свиленкаста.

e) Додадете ги останатите состојки и добро промешајте.

f) Ставете го ганашот во квадратни калапи од 1 инчи.

g) Оставете го да отстои на тезга или ставете го во фрижидер 20 минути да се стегне.

h) Подготвени се за потопување кога ганашот чисто ќе излезе од калапот.

i) Со помош на вилушка со две огради, натопете ги бонбоните во преостанатите 16 унци калено бело чоколадо.

j) Декорирајте со ставање розово-жолт какао путер врз секој тартуф пред да го натопите следниот.

k) Оставете го на ладно место 10 до 20 минути пред да го извадите листот за трансфер.

l) Да се чува до 3 недели на собна температура на темно место подалеку од мирис и топлина.

20.Бонбони од цитрусни бобинки

СОСТОЈКИ:

- 1 шолја бело чоколадо, ситно сечкано
- Кора од 1 портокал
- Кора од 1 лимон
- ½ чаша густ крем
- 1 лажица сок од портокал
- 1 лажица сок од лимон
- ½ чаша мешани бобинки, ситно сецкани
- ¼ чаша шеќер во прав
- ¼ чаша незасладен рендан кокос (опционално, за премачкување)

ИНСТРУКЦИИ:

a) Белата чоколада ставете ја во сад отпорен на топлина.

b) Во мало тенџере загрејте ја густата павлака на средна топлина додека не почне да крчка. Тргнете од оган.

c) Топлата павлака прелијте ја со сечканото бело чоколадо и оставете да отстои една минута.

d) Мешајте ја смесата додека чоколадото целосно не се стопи и изедначи.

e) Во чоколадната смеса додадете ги кората од портокал, кората од лимон, сокот од портокал, сокот од лимон, мешаните бобинки и шеќерот во прав. Мешајте додека убаво не се соедини.

f) Покријте го садот со најлонска фолија и ставете го во фрижидер околу 2 часа или додека смесата не се стегне.

g) Од изладената смеса изматете лажички и превртете ги во мали топчиња.

h) Изборно: Виткајте ги бонбоните во незасладен исечкан кокос за рамномерно да се премачкаат.

i) Ставете ги бонбоните во херметички сад и ставете ги во фрижидер додека не се подготвени за сервирање.

БОНБОНИ ХЕРБИ

21.Чоколадни бонбони од пеперминт

СОСТОЈКИ:

- 1 чаша полуслатки чоколадни чипови
- 1/3 чаша путер или маргарин
- 1/4 чаша шлаг
- 1 шолја непросеан шеќер во прав
- 1/4 лажичка екстракт од пеперминт

ИНСТРУКЦИИ:

a) Во тежок тенџере измешајте ги полуслатките чоколадни парчиња, путерот (или маргаринот) и шлагот.

b) Ставете го тенџерето на многу тивок оган и непрекинато мешајте додека чоколадните парчиња и путерот не се стопат, а смесата е мазна и густа. Внимавајте да не се прегрее. Откако се добро ќе се соедини, тргнете го тенџерето од оган.

c) Изматете го непросеаниот шеќер во прав додека смесата не стане мазна и добро соединета.

d) Измешајте го екстрактот од нане, додавајќи прекрасен вкус на нане во смесата.

e) Покријте ја смесата и изладете ја во фрижидер 1 до 2 часа, или додека не стане доволно густа за да ја обликувате или спуштите во мали чаши за бонбони.

f) Откако смесата ќе се излади и згусне, поделете ја на 24 порции.

g) Спуштете ги порциите во хартиени чаши со бонбони за лесна и привлечна презентација.

h) Алтернативно, превртете ја секоја порција во мали топчиња пред да ги ставите во чаши за бонбони.

22.Рузмарин и лимон Бонбон

СОСТОЈКИ:

ГЕЛИФИЦИРАН ЛИМОН ФИЛ СО САНШО:

- 1 шолја вода
- 1/2 чаша сок од лимон
- 1 лажица жолт пектин
- 1/2 чаша гранулиран шеќер
- 1/2 чаша гликозен сируп
- 1 чаша гранулиран шеќер (дополнителен)
- 1 лажичка раствор на лимонска киселина
- 1 лажичка ситно рендана кора од лимон
- 1/2 лажичка саншо во прав

СВЕЖ РУЗМАРИ И ЕСМЕРАЛДА ГАНАШ:

- 1 чаша инфузија од рузмарин (45 g свеж рузмарин внесен во 500 g топла вода)
- 1/2 лажичка млеко во прав
- 1/4 чаша инвертен шеќер
- 1/6 чаша гликозен сируп
- 1/5 чаша декстроза
- Нотка ситна сол
- 1 чаша кувертура од темно чоколадо
- 1/2 чаша безводен путер

ДРУГО:

- Какао путер во зелена боја (за декорација)
- бело чоколадо (за премачкување)
- Зелена боја растворлива во масти

ИНСТРУКЦИИ:

ГЕЛИФИЦИРАН ЛИМОН ФИЛ СО САНШО:

a) Во тенџере измешајте вода, сок од лимон, пектин и 70 гр сахароза. Загрејте и мешајте додека убаво не се соедини.

b) Додадете ги преостанатите 840 g сахароза и гликозен сируп. Продолжете да загревате и мешајте.

c) Оставете ја смесата да зоврие додека не достигне 70/75° Брикс.

d) Вклучете го растворот на лимонска киселина.

e) Оставете ја смесата на страна. Просејте го низ густа мрежа за да ја скршите структурата на гелот.

f) Внесете ситно изрендана кора од лимон и прашок од саншо. Стави на страна.

СВЕЖ РУЗМАРИ И ЕСМЕРАЛДА ГАНАШ:

g) Процедете ја инфузијата од рузмарин (45 g свеж рузмарин внесени во 500 g топла вода).

h) Измерете 450 g од инфузијата од рузмарин и растворете ги шеќерите и солта во неа.

i) Истурете ја течноста натопена со рузмарин врз мешавината од кувертура од темно чоколадо Esmeralda и безводен путер.

j) Правилно емулгирајте ја смесата и изматете ја на 32°/33°C.

СОБРАНИЕ:

k) Намалете го длабоко зелениот пиштол спреј и, со воздушна четка, испрскајте ги калапите со полусфери. Повторете ја операцијата со пиштолот во боја со зелена чоколада.

l) На крај изматете ја кувертурата од темно чоколадо Esmeralda и обложете ги калапите.

m) Ставете точка од гелифицираната смеса од лимон и саншо во секој калап.

n) Потоа наполнете ги калапите со свеж рузмарин и ганаш Есмералда.

o) Оставете ги бонбоните да се кристализираат неколку часа, па покријте ги.

p) Извадете ги бонбоните и обојте ги со зелен какао путер, создавајќи ефект на капки на чоколадото.

q) Оставете ги бонбоните на страна да се стврднат.

23.Бонбони за натпревар

СОСТОЈКИ:

- 225 грама дебела павлака
- ¼ чаша јаворов сируп
- 2 лажици кафеав шеќер
- 1 лажица зелен чај Matcha, плус уште една лажица за бришење прашина
- 340 грама горчливо слатко чоколадо, ситно исечкано
- Нотка сол Мача или кошер сол

ИНСТРУКЦИИ:

a) Оставете го кремот да зоврие во мало тенџере на тивок оган, додадете го јаворов сируп и кафеавиот шеќер и мешајте додека не се раствори, околу 2 минути.

b) Додадете 1 лажица мача, мешајте додека не се раствори и оставете го настрана.

c) Чоколадото ставете го во поголем сад за матење и истурете ја смесата со кремот. Темелно измешајте и истурете во плех обложен со хартија за печење. Измазнете го со гумена шпатула. Се лади во фрижидер околу еден час.

d) Со помош на лажица, извадете натрупа кафена лажичка и направете топка со дланките на вашите раце. Повторете додека не се потроши целото чоколадо - треба да завршите со околу 50 бонбони.

e) Наредете ги во плех или чинија и посипете ги со дополнителната матица со ситно сито. Одозгора со многу лесно посипување со мача.

24.Бонбони со босилек бело чоколадо

СОСТОЈКИ:
ЗА ГАНАШОТ БЕЛА ЧОКОЛАДЕН БОСИЛИК:
- 5 мл бело чоколадо
- 1 мл гликоза
- 5 мл дебела павлака
- 0,25 мл свеж босилек

ЗА ГАНАШОТ МАСЛИНСКО МАСЛО БАДЕМ:
- Чоколадо со инспирација од 5 мл (или бадемово чоколадо)
- 1 мл дебела павлака
- 4 мл маслиново масло
- 1 мл гликоза
- 1/8 лажичка сол

ЗА калење и премачкување:
- Бело чоколадо за калење и премачкување (количина по потреба)

ИНСТРУКЦИИ:
ПРАВЕЊЕ ГАНАШ ОД БЕЛО ЧОКОЛАДЕН БОСИЛИК:
a) Во мало тенџере загрејте ги кремот и гликозата.

b) Во помал сад ставете го белото чоколадо.

c) Кога смесата со крем ќе почне да врие, тргнете ја од оган и прелијте ја врз белото чоколадо. Мешајте додека не се изедначи.

d) Префрлете ја смесата во блендер и на голема брзина матете ја со свежиот босилек додека босилекот целосно не се вклопи, а смесата позелени.

e) Истурете го ганашот од босилек во помал сад и оставете го на страна да се излади.

ПРАВЕЊЕ НА ГАНАШОТ ОД МАСЛИНСКОТО МАСЛО БАДЕМ:
f) Во друго мало тенџере измешајте го дебелиот крем, маслиновото масло, гликозата и солта.

g) Чоколадото со инспирација од бадем ставете го во мал сад.

h) Кога смесата од кремот ќе почне да врие, тргнете ја од оган и прелијте ја врз чоколадото со инспирација од бадем. Мешајте додека не се изедначи.

i) Оставете го ганашот со бадемово маслиново масло да се излади.

КАЛЕЊЕ НА БЕЛОТО ЧОКОЛАДО:
j) Ставете дел од бело чоколадо во сад на двоен котел. Подгответе дигитален термометар.

k) Се топи белото чоколадо на 115°F (46°C).

l) Тргнете го садот од оган и додадете го преостанатото бело чоколадо (начин на сеење). Мешајте додека температурата не се олади на 79-81°F (26-27°C).

m) Повторно загрејте го белото чоколадо на 82-84°F (28-29°C). Ова е вашата работна температура.

СОБИРАЊЕ НА БОНБОНИ:

n) Прво обојте ги вашите калапи (ако сакате) со помош на четка за бојадисување со цврсти влакна.

o) Откако ќе се стегнат калапите, ставете калено бело чоколадо во секоја шуплина, допрете го со офсет шпатула и превртете го калапот за да го отстраните вишокот чоколадо. Треба да имате убава школка.

p) Ставете го калапот во фрижидер неколку минути.

q) Во секоја шуплина ставете мала количина од изладениот босилек ганаш.

r) Калапот вратете го во фрижидер и оставете го првиот фил да се стегне.

s) Ставете го ганашот со бадемово маслиново масло како втор фил.

t) Калапот повторно ставете го во фрижидер да се стегне (приближно 30 минути).

u) Откако ќе се стегнат филовите, капачете ги бонбоните со истурање на калено бело чоколадо врз ганашот и измазнување со офсет шпатула.

v) Можете да користите лист за пренос за да го покриете дното на бонбоните. Истурете бело чоколадо врз поставените филови, ставете го листот за трансфер на врвот и користете стругалка или шпатула за да го израмните со калапот.

w) Оставете ги бонбоните да се стегнат најмалку 4 часа пред да ги извадите од калапот.

ЗАВРШУВАЊЕ:

x) Допрете ги бонбоните од нивниот калап. Ако се правилно калени и филовите се наместени, треба веднаш да излезат.

25.Чоколадни бонбони од нане

СОСТОЈКИ:

- 8 унци темно чоколадо, ситно сечкано
- ½ чаша густ крем
- 2 лажици несолен путер, на собна температура
- ½ лажичка екстракт од пеперминт
- Зелените бонбони се топат или попрскуваат, за декорација

ИНСТРУКЦИИ:

a) Сечканото темно чоколадо ставете го во сад отпорен на топлина.

b) Во мало тенџере загрејте ја густата павлака на средна топлина додека не почне да крчка. Тргнете од оган.

c) Истурете го врелиот крем врз сечканото чоколадо и оставете го да отстои непречено 1-2 минути.

d) Нежно мешајте ја смесата додека чоколадото целосно не се стопи и изедначи.

e) Додадете ги путерот и екстрактот од пеперминт. Мешајте додека целосно не се вклопи.

f) Покријте го садот со пластична фолија и ставете го во фрижидер најмалку 2 часа или додека не се стегне.

g) Со помош на лажичка или мала топка, исечете го ганашот и расукајте го во топчиња.

h) Изборно: Растопете ги растопените зелени бонбони според упатствата на пакувањето. Потопете ги Бонбоните делумно во стопената бонбона или посипете ги топените бонбони над бонбоните.

i) Чувајте ги БОНБОНИ во фрижидер додека не се подготвени за уживање.

26.Бонбони од баварски нане

СОСТОЈКИ:

- 1 шолја темно чоколадо, ситно сечкано
- ½ чаша густ крем
- ½ лажичка екстракт од пеперминт
- 2 лажици несолен путер, омекнат
- ¼ чаша шеќер во прав
- Зелена боја за храна (опционално)
- ¼ чаша какао во прав (за бришење прашина)
- Листови од нане за гарнир (по избор)

ИНСТРУКЦИИ:

a) Ставете го темното чоколадо во сад отпорен на топлина.

b) Во мало тенџере загрејте ја густата павлака на средна топлина додека не почне да крчка. Тргнете од оган.

c) Истурете го врелиот крем врз сечканото темно чоколадо и оставете го да отстои една минута.

d) Мешајте ја смесата додека чоколадото целосно не се стопи и изедначи.

e) Во чоколадната смеса додајте екстракт од пеперминт, омекнат путер и шеќер во прав. Мешајте додека убаво не се соедини.

f) По желба додадете неколку капки зелена прехранбена боја за да постигнете зелена боја на нане.

g) Покријте го садот со најлонска фолија и ставете го во фрижидер околу 2 часа или додека смесата не се стегне.

h) Од изладената смеса изматете лажички и превртете ги во мали топчиња.

i) Виткајте ги бонбоните во какао во прав за да се премачкаат рамномерно.

j) Ставете ги бонбоните во херметички сад и ставете ги во фрижидер додека не се подготвени за сервирање.

k) Украсете со листови нане, по желба, пред сервирање.

27. Мајчина душица, шеќер од панела и медни бонбони

СОСТОЈКИ:

- 500 гр република дел какао 40% карамелизирано млечно чоколадо
- Какао путер од портокал
- Бел какао путер

ФИЛ ОД МАЈЧИНА/ПАНЕЛА ШЕЌЕР/МАНУКА МЕД:

- 100 гр мед Манука
- 142 гр шлаг
- 50 гр Панела шеќер
- 28 g светло-кафеав шеќер
- 8 гр мајчина душица
- 6гр сол
- 79 g шеќерен шеќер
- 79 g течна гликоза
- 44 гр несолен путер

ИНСТРУКЦИИ:

ПОДГОТОВКА НА ШОЛКИ:

a) Полирајте го поликарбонатниот калап за чоколадо со влошки од памучна вата за да му дадете сјаен изглед.

b) Растопете портокалови и бели путер од какао и користете четка за сликање за да создадете дизајн во калапот. Започнете со слој од бела боја и оставете го да се исуши, а потоа додадете портокалова слој.

ЧОКОЛАДНА ШОКОЛА:

c) Ставете ги 500 грама чоколадо во пластичен сад и стопете го во микробранова печка со минуси од 25 секунди додека не достигне 45 степени Целзиусови.

d) Истурете го најголемиот дел од растопената чоколада на мермерна плоча.

e) Користете чоколадна стругалка и нож за палета за да ја движите чоколадата наоколу за да се излади додека внимавате на температурата. Изладете го на 25-26 степени Целзиусови.

f) Откако ќе се излади, повторно изгребете ја чоколадата во садот, измешајте и доведете ја на работна температура од 29-30 Целзиусови степени.

g) Каленото чоколадо префрлете го во кеса за цевки.

h) Наполнете ја секоја празнина од калапот со чоколадо, допрете го калапот за да ги отстраните воздушните меури и превртете го наопаку за да го отстраните вишокот чоколадо.

i) Користете ја стругалката за да го отстраните вишокот чоколадо од страните и основата.

j) Калапот ставете го наопаку на лист мрсна хартија и оставете го на собна температура 5 минути.

ПОДГОТОВКА ЗА ПОЛНЕЊЕ:

k) Ставете го медот Манука во вреќа за цевки и втурете мала количина во секоја чоколадна лушпа (длабока околу 3 мм).

l) Во тава ставете шлаг, панела шеќер, светло-кафеав шеќер и сол да зоврие. Додадете мајчина душица, покријте со филм и оставете да кисна 30 минути.

m) Откако ќе се внесе, процедете ја смесата од кремот низ сито и вратете ја во чиста тава на средна топлина за да се задржи топло за подготовка на карамела.

ПОДГОТОВКА НА КАРАМЕЛ:

n) Во чиста тава, креирајте директна карамела користејќи шеќерен шеќер. Загрејте додека не добие карамела боја.

o) Додадете гликоза и загревајте додека не стане карамела.

p) Додадете го инфузираниот крем, измешајте и варете додека не достигне 107 степени Целзиусови.

q) Процедете ја карамелата низ сито, покријте ја со фолија и оставете ја да се излади на 60 степени Целзиусови.

r) Кога е на 60 степени, додадете го несолениот путер и емулгирајте го во карамела со рачен блендер.

s) Оставете да се излади додека не достигне 29-30 степени Целзиусови.

ПОЛНЕЊЕ НА БОНБОНИ:

t) Ставете ја карамелата во вреќа за цевки и цевката ја во шуплините, оставајќи 2 мм простор од врвот.

u) Оставете ги наполнетите бонбони да отстојат 3-4 часа за да се добие кожа.

ЗАПЕТВУВАЊЕ НА БОНБОНИТЕ:

v) Повторно изматете ја чоколадата и ставете ја во кеса за цевки.

w) Внимателно загрејте го горниот дел од наполнетите школки со топлински пиштол за секунда за да создадете печат околу страните.

x) Истурете повеќе чоколадо преку шуплините и израмнете го со помош на нож за палета.

y) Користете стругалка за чоколадо за да го отстраните вишокот чоколадо, оставајќи чисто, рамно дно на вашите чоколади.

z) Оставете ги бонбоните да стојат на собна температура 30 минути за да се стегнат пред да ги извадите од калапот. Ако некои не се ослободуваат лесно, ставете го калапот во фрижидер 10-15 минути пред да го одкалапите.

СОСТОЈКИ:

ГАНАШ Круша и жалфија:

- 20 гр сечкана жалфија
- 100 гр 35% крем
- 200 гр пире од круша
- 600 гр какао карамел 35%
- 25 гр путер

СОБРАНИЕ:

- Бонбон школки
- Зелен и црн спреј за боја за храна
- Карамелско бело чоколадо (за полнење на бонбоните)
- Подготвената ганаш од круша и жалфија

ИНСТРУКЦИИ:

ГАНАШ Круша и жалфија:

a) Во тенџере, истурете ја сечканата жалфија во кремот од 35% најмалку 20 минути.

b) По инфузијата, додајте го пирето од круша во кремот намачкан со жалфија и доведете го до вриење.

c) Оваа смеса прелијте ја врз какао карамелот 35%.

d) Во смесата додадете го путерот.

e) Емулгирајте и оставете да се кристализира.

СОБИРАЊЕ НА БОНБОНИ:

f) Попрскајте ги лушпите од бонбон со зелена и црна боја.

g) Наполнете ги лушпите со Zéphyr™ карамел бело чоколадо.

h) Наполнете ги лушпите со ганашот од круша и жалфија.

i) Откако вашите бонбони ќе се стврднат, можете да уживате во овие прекрасни карамелни бонбони со круша и жалфија.

БОБОНСКИ ОРПЕВИ

29.Бонбони од шеќерна слива

СОСТОЈКИ:

- 1 чаша путер или маргарин, омекнат
- 1 1/2 шолји просеан кондиторски шеќер
- 1/4 шолја какао
- 1/4 лажичка екстракт од бадем
- 1/2 чаша сецкани бланширани бадеми
- 2 шолји брз квакер овес, неварен
- Шушка или рендан кокос (за тркалање)

ИНСТРУКЦИИ:

a) Во сад за матење изматете го омекнатиот путер (или маргаринот) и кондиторскиот шеќер додека смесата не стане кремаста и добро соединета.

b) Изблендирајте ги екстрактот од какао и бадем, внимавајќи сѐ да биде темелно измешано.

c) Измешајте ги сечканите бланширани бадеми и брзиот квакер овес. Мешајте додека сите состојки не се рамномерно распоредени.

d) Оладете го тестото додека не стане тврдо, што ќе потрае најмалку 2 до 3 часа во фрижидер.

e) Откако тестото ќе се излади и ќе стане цврсто, исечете ги парчињата и обликувајте ги во топчиња од 1 инчи.

f) Секое топче превртете го во излупен или исечкан кокос за да ја обложите надворешноста.

g) Обложените бонбони ставете ги на плех или чинија и изладете ги во фрижидер.

30.Бонбони со ѓеврек со путер од кикирики

СОСТОЈКИ:

ЗА ПОЛНЕЊЕ:
- 1 шолја кремаст путер од кикирики
- 1/2 чаша шеќер во прав
- 1 шолја мелени ѓевреци
- 1/2 чаша несолен путер, стопен

ЗА ЧОКОЛАДЕН ПРЕГЛЕД:
- 200 гр полуслатка чоколада
- 2 лажици растително масло

ЗА ГАРНИР:
- Мелени ѓевреци
- Груба морска сол

ИНСТРУКЦИИ:

ПРАВЕЊЕ НА ПОЛНЕТО:
a) Во сад за матење измешајте ги кремастиот путер од кикирики, шеќерот во прав, мелените ѓевреци и растопениот несолен путер. Мешајте додека добро не се соединат сите состојки.

b) Оставете ја смесата да се излади на собна температура.

c) Префрлете го филот од ѓеврек со путер од кикирики во кеса за цевки.

d) Ставете го филот во калап со силиконски бонбони, пополнувајќи ја секоја шуплина до врвот. Допрете го калапот за да ги отстраните сите воздушни меури.

e) Ставете го калапот во фрижидер и оставете ги бонбоните да се стегнат најмалку 2 часа.

ИЗРАБОТКА НА ЧОКОЛАДНИОТ ПРЕГЛЕД:
f) Во сад отпорен на топлина, растопете ја полуслатката чоколада со растително масло во микробранова печка со интервали од 20 секунди, мешајќи додека не се изедначи.

СОБРАНИЕ:

g) Извадете ги бонбоните од силиконскиот калап и ставете ги на решетка со послужавник или хартија за пергамент одоздола за да не капе.

h) Растопеното чоколадо рамномерно прелијте го врз секоја бонбона, обезбедувајќи целосна покриеност.

i) Користете офсет шпатула за да го измазните чоколадото и да го отстраните вишокот.

j) Украсете ги бонбоните со мелени ѓевреци и посипете крупна морска сол.

k) Оставете ја чоколадната обвивка да се стегне околу 15 минути на собна температура или можете да ги ставите бонбоните во фрижидер за да го забрзате процесот.

l) Откако ќе се стегне облогата, префрлете ги бонбоните во чинија или кутија за сервирање.

31.Чоколадни бонбони

СОСТОЈКИ:

- Торба од 10 унци со полуслатки чоколадни чипови
- ½ чаша тежок шлаг
- 1 лажица несолен путер
- 2 супени лажици црвено вино
- 1 лажичка екстракт од ванила
- Прелив: мелени чадени бадеми, какао во прав, стопено чоколадо и морска сол

ИНСТРУКЦИИ:

a) Исечкајте го чоколадото.

b) Ставете ја сечканата чоколада во голем нерѓосувачки челик или стаклен сад.

c) Загрејте ги кремот и путерот во мало тенџере на средна температура, само додека не почне да врие.

d) Комбинирајте крем со чоколадо: Штом течноста ќе почне да врие веднаш истурете ја во садот над чоколадото.

e) Додадете ги ванилата и виното и изматете додека не се изедначи.

f) Покријте го садот со најлонска фолија и ставете го во фрижидер околу еден час, додека смесата не се стегне.

g) Откако бонбоните ќе се изладат, извадете ги со топка за дињa и виткајте ги со раце.

h) Потоа премачкајте ги со саканиот прелив.

32.Џандуја Бонбонс

СОСТОЈКИ:

- 1 шолја млечна чоколада, ситно сечкана
- ½ чаша паста од лешник или Нутела
- ¼ чаша густ крем
- ¼ чаша ситно сечкани лешници
- Какао во прав или шеќер во прав (за виткање)

ИНСТРУКЦИИ:

a) Ставете ја млечната чоколада во сад отпорен на топлина.

b) Во мало тенџере загрејте ја густата павлака на средна топлина додека не почне да крчка. Тргнете од оган.

c) Топлата павлака прелијте ја со сечканата млечна чоколада и оставете ја да отстои една минута.

d) Мешајте ја смесата додека чоколадото целосно не се стопи и изедначи.

e) Додадете ја пастата од лешник (или Нутела) во чоколадната смеса. Мешајте додека убаво не се соедини.

f) Измешајте ги ситно сечканите лешници.

g) Покријте го садот со најлонска фолија и ставете го во фрижидер околу 2 часа или додека смесата не се стегне.

h) Од изладената смеса изматете лажички и превртете ги во мали топчиња.

i) Виткајте ги бонбоните во какао во прав или шеќер во прав за да се премачкаат рамномерно.

j) Ставете ги бонбоните во херметички сад и ставете ги во фрижидер додека не се подготвени за сервирање.

k) Уживајте во богатите и напнати вкусови на Gianduja БОНБОНИ!

33.Бонбони со путер од кикирики

СОСТОЈКИ:

- 1 чаша густ путер од кикирики
- 2 лажици путер
- 1 шолја просеан шеќер во прав
- 1 1/2 шолји ситно сечкани ореви (по ваш избор)
- 6 унци полуслатки чоколадни чипови
- 1 лажичка цврсто скратување од зеленчук

ИНСТРУКЦИИ:

a) Во сад за матење измешајте го густиот путер од кикирики, путерот и просеаниот шеќер во прав. Измешајте ги состојките додека не се добие мазна и добро изедначена смеса.

b) Со готовата смеса обликувајте мали топчиња. Големината на топчињата може да варира во зависност од вашата желба, но тие обично се со дијаметар од околу 1 инч.

c) Во сад отпорен на топлина растопете ги полуслатките чоколадни парчиња и цврстото скратување од зеленчук. Можете да го направите ова со ставање на садот над топла, а не зовриена вода. Измешајте ја чоколадната смеса додека целосно да се стопи и изедначи.

d) Со помош на вилушка или чепкалка за заби, потопете ја секоја топка од путер од кикирики во стопената чоколада, осигурувајќи дека се рамномерно обложени.

e) Откако ќе го потопите, оставете го да капе вишокот чоколадо, а потоа секоја топка премачкана со чоколадо превртете ја во ситно сечканите ореви. Ова ќе обезбеди убав лапнал слој за вашите бонбони.

f) Премачканите бонбони ставете ги на плех обложен со восочена хартија. Откако ќе се подготват сите бонбони, ставете ги во фрижидер додека да се стегне чоколадото и да се зацврстат бонбоните.

g) Откако ќе се стегнат, можете да ги чувате бонбоните од путер од кикирики во херметички сад во фрижидер.

34.Чоколадни бонбони од лешник

СОСТОЈКИ:

- 200 гр темно чоколадо (на пр. Callebaut темно чоколадо)
- 2 g (1 лажичка) какао путер во прав (за калење, по избор)
- 15 цели печени лешници (без кора)

ИНСТРУКЦИИ:

a) Исчистете го вашиот чоколаден калап за да ги отстраните сите потенцијални остатоци.

b) Растопете го и изматете го чоколадото. Користете термометар, како што е инфрацрвен термометарски пиштол, за да ја измерите температурата на чоколадата за време на калењето.

c) За калење: Ако користите Callebaut калети од темно чоколадо, стопете ја чоколадата на 45-50°C, а потоа оставете ја да се излади на собна температура до 34-35°C.

d) Откако чоколадото ќе достигне температура од 34-35°C, додадете 1% какао путер во прав во стопеното чоколадо, што е 2 g (1 лажичка) за 200 g чоколадо. Можете да користите кој било путер од какао што ви е достапен. Добро измешајте го путерот од какао со чоколадото.

e) Ставете го каленото чоколадо во калапот, ставајќи по еден лешник во секоја шуплина.

f) Внимателно допрете го калапот неколку пати на кујнскиот пулт за да ги ослободите потенцијалните мали воздушни меури.

g) Измазнете го врвот на чоколадото со офсет шпатула.

h) Оставете го чоколадото да се стегне на собна температура 30-60 минути, во фрижидер 15-30 минути или во замрзнувач 5-10 минути. Ако чоколадото е правилно калено, бонбоните треба лесно да се извадат од калапот. Совет: Користете ракавици кога ги вадите бонбоните.

35.бонбони со путер од кикирики

СОСТОЈКИ:

- 8 унци темно чоколадо, ситно сечкано
- ½ чаша густ крем
- 2 лажици несолен путер, на собна температура
- ¼ чаша крем путер од кикирики
- Мелени кикирики, за премачкување

ИНСТРУКЦИИ:

a) Сечканото темно чоколадо ставете го во сад отпорен на топлина.

b) Во мало тенџере загрејте ја густата павлака на средна топлина додека не почне да крчка. Тргнете од оган.

c) Истурете го врелиот крем врз сечканото чоколадо и оставете го да отстои непречено 1-2 минути.

d) Нежно мешајте ја смесата додека чоколадото целосно не се стопи и изедначи.

e) Додадете ги путерот и путерот од кикирики. Мешајте додека целосно не се вклопи.

f) Покријте го садот со пластична фолија и ставете го во фрижидер најмалку 2 часа или додека не се стегне.

g) Со помош на лажичка или мала топка, исечете го ганашот и расукајте го во топчиња.

h) Виткајте ги бонбоните во мелени кикирики за да се премачкаат.

i) Чувајте ги БОНБОНИ во фрижидер додека не се подготвени за сервирање.

36.Бонбони од марципан од портокал и ф'стаци

СОСТОЈКИ:

- 17,5 oz (500 g) марципан
- 2 oz (60 g) ф'стаци, излупени и излупени, цели или грубо сецкани
- 3 oz (90 g) захаросана кора од портокал, ситно исечена
- 2 супени лажици (1 oz / 30 ml) ликер Cointreau или ГРАНД МАРНИЕ (по избор)
- 10,5 oz (300 g) бело чоколадо, ситно сечкано за калење

ИНСТРУКЦИИ:

a) Истурете го Cointreau или ГРАНД МАРНИЕ врз захаросаната кора од портокал, ставете ја во покриен сад и оставете ја да кисне преку ноќ.

b) Натопената кора и ф'стаците измесете ги во марципанот додека не се рамномерно распоредени.

c) Расукајте го марципанот до дебелина од околу 2 см, користејќи мала количина шеќер во прав за да спречите лепење.

d) Исечете го марципанот на квадрати.

e) Намалете го белото чоколадо.

f) Внимателно спуштете го секој квадрат марципан во калено чоколадо со помош на вилушка.

g) Допрете ја вилушката на страната на садот за да го отстраните вишокот чоколадо. Најдобро е да користите длабок сад за подобро покривање.

h) Избришете го вишокот чоколадо од под вилушката од страната на садот.

i) Натопените тартуфи/бонбони ставете ги на хартија за печење и декорирајте по желба. Можете да користите трансфери, да посипете мелени ф'стаци или захаросани кора. Алтернативно, можете да почекате чоколадото да се полу стегне и потоа да ја користите вилушката за да го означите врвот на чоколадото.

j) Откако чоколадото ќе се стврдне, исечете го вишокот чоколадо („нозе") со остар нож.

k) Ракувајте со чоколадото колку што е можно помалку или носете ракавици за храна за да избегнете оставање отпечатоци од прсти на чоколадото.

l) Оставете ги бонбоните целосно да се стегнат.

37.Бадем од сусам Бон Бон

СОСТОЈКИ:

ЗА ГАНАШ:
- 210 гр крем
- 22 g гликоза
- Гитара од 340 g 45% Soleil d'Automne
- 35 гр несолен путер
- 0,5 g избришано зрно ванила

ЗА ФИЛН ЗА ПРАЛИН БАДЕМ СУСАМ:
- 240 гр пралинска паста од бадем од сусам
- 30гр Гитара 45% Автонски ѓубре
- 30 гр какао путер

ЗА ПРАЛИНСКА ПАСТА ОД БАДЕМ СУСАМ:
- 360 гр тост сусам
- 300гр пржени природни бадеми
- 400 гр шеќер
- 60 g гликоза
- 60 гр вода
- 35 g солено путер
- 1 изгребано зрно ванила

ИНСТРУКЦИИ:

ЗА ГАНАШ:
a) Оставете го кремот да зоврие со гликоза и прелијте го врз чоколадото.

b) Оставете го да отстои 5 минути.

c) На 95°F, додадете го омекнатиот путер и емулгирајте.

d) Ставете ја ганашот во калапи за бон бон кои претходно биле обложени со калено 45% млечно чоколадо. Наполнете ги калапите до приближно 2/3, оставајќи простор за филот со пралина.

ЗА ФИЛН ЗА ПРАЛИН БАДЕМ СУСАМ:
e) Посебно напечете ги бадемите и сусамот и оставете ги топли.

f) Во посебна тава, ставете шеќер, гликоза, вода и ванила до лесен карамел.

g) Додадете ги топлите бадеми и сусамот, продолжете да ги карамелизирате шеќерите додека мешате.

h) Откако ќе постигнете средна килибарна карамела, додадете го путерот и измешајте да се емулгира, а потоа истурете ја смесата на калап за ладење.

i) Откако ќе се излади, измелете ја смесата во процесор за храна за да добиете мазна паста.

ЗА ПРАЛИНСКА ПАСТА ОД БАДЕМ СУСАМ:

j) Растопете го путерот од какао со чоколадо на 88°F.

k) Промешајте ја пралинската паста во чоколадната смеса.

СОБРАНИЕ:

l) Истурете го филот од пралина врз ганашот кој веќе се стегнал во бон бон лушпата.

m) Калапите премачкајте ги со калено млечно чоколадо од 45%.

38.Бонбони од бадем од еспресо

СОСТОЈКИ:

- 8 унци темно чоколадо, ситно сечкано
- ½ чаша густ крем
- 2 лажици несолен путер, на собна температура
- 1 лажица инстант еспресо во прав, растворен во топла вода
- ½ шолја сечкани бадеми, тост
- Темно чоколадо стопено (за преливање, по избор)

ИНСТРУКЦИИ:

a) Сечканото темно чоколадо ставете го во сад отпорен на топлина.

b) Во мало тенџере загрејте ја густата павлака на средна топлина додека не почне да крчка. Тргнете од оган.

c) Истурете го врелиот крем врз сечканото чоколадо и оставете го да отстои непречено 1-2 минути.

d) Нежно мешајте ја смесата додека чоколадото целосно не се стопи и изедначи.

e) Додадете го путерот и растворениот прав од еспресо. Мешајте додека целосно не се вклопи.

f) Покријте го садот со пластична фолија и ставете го во фрижидер најмалку 2 часа или додека не се стегне.

g) Со помош на лажичка или мала топка, исечете го ганашот и расукајте го во топчиња.

h) Виткајте ги бонбоните во сечкани тост бадеми за да се премачкаат.

i) Изборно: За декорација прелијте ги бонбоните со стопено темно чоколадо.

j) Чувајте ги БОНБОНИ во фрижидер додека не се подготвени за уживање.

39.Бонбони од мока бадеми

СОСТОЈКИ:

- 2 лажици вода
- 1 лажица гранули од инстант кафе
- ¾ чаша полуслатки чоколадни чипови
- ¾ шолја мелени бадеми
- ¾ чаша шеќер за слатки, поделен

ИНСТРУКЦИИ:

a)   Во средно тенџере, измешајте вода и гранулите од кафе на средна топлина, мешајќи додека не се растворат гранулите од кафе.

b)   Додадете чоколадо и мешајте додека не се растопи.

c)   Тргнете го од оган и измешајте ги бадемите и ½ шолја шеќер за слатки додека не се стегне.

d)   Обликувајте 2 дузини топчиња од 1 инчи, а потоа превртете ја во преостанатата ¼ шолја шеќер за слатки.

e)   Ставете го на плех и ладете 10 минути или додека не се стегне.

f)   Послужете или чувајте во херметички сад додека не се подготвите за сервирање.

40.Смокви и АРВИ ДУЛЧЕ БОНБОНИ

СОСТОЈКИ:

- 12 суви смокви натопени во вода, извадени стеблото и преполовени
- 1 и пол шолја ореви
- 1 лажица лупено, излупено
- 1 прстофат сол
- 1 лажичка Ванила
- 1 лажица суров путер од какао, рендан-по желба
- ¼ шолја сурово какао во прав плус дополнително или рендано темно чоколадо.
- Ако е потребно, истурете сок од ананас или резервирана течност од натопени смокви.

ИНСТРУКЦИИ:

a) Блицирајте ги оревите, слаткото и солта во процесор за храна со помош на сечилото S.

b) Смоквите исцедете ги и резервирајте ја течноста.

c) Додадете смокви во оревите со останатите состојки и пулсирајте додека смесата само да се соедини.

d) Обликувајте на квадратна чинија. Изладете и исечете ги на мали квадрати. Прашина со сурово какао. Или се тркалаат во топчиња и посипете со какао во прав или рендано чоколадо.

41.Бонбони за крцкање со лешник

СОСТОЈКИ:

- 8 унци темно чоколадо, ситно сечкано
- ½ чаша густ крем
- 2 лажици несолен путер, на собна температура
- ½ шолја сечкани потпечени лешници
- ¼ шолја (40 g) ситно мелени колачиња од обланда (како што се крекери од Греам)

ИНСТРУКЦИИ:

a)   Сечканото темно чоколадо ставете го во сад отпорен на топлина.

b)   Во мало тенџере загрејте ја густата павлака на средна топлина додека не почне да крчка. Тргнете од оган.

c)   Истурете го врелиот крем врз сечканото чоколадо и оставете го да отстои непречено 1-2 минути.

d)   Нежно мешајте ја смесата додека чоколадото целосно не се стопи и изедначи.

e)   Додадете го путерот, сечканите лешници и мелените колачиња од обланда. Мешајте додека убаво не се соедини.

f)   Покријте го садот со пластична фолија и ставете го во фрижидер најмалку 2 часа или додека не се стегне.

g)   Со помош на лажичка или мала топка, исечете го ганашот и расукајте го во топчиња.

h)   Изборно: Бонбоните валкајте ги во дополнителни сечкани лешници или какао во прав за премачкување.

i)   Чувајте ги БОНБОНИ во фрижидер додека не се подготвени за сервирање.

42.Бонбони од бадеми

СОСТОЈКИ:

- 3 шолји печени бадеми
- 32 унци млечно чоколадо, поделено
- 1 чаша путер
- 60 грама амарето ликер
- 2 прстофат сол

ИНСТРУКЦИИ:

a) Користете нож или процесирајте во процесорот за храна на пулс, за да ги намалите парчињата ореви на малку поголеми од трошките од леб. Ставете го во плиток сад или чинија.

b) Намалете половина од млечното чоколадо со методот овде.

c) Ставете го путерот на хартија за пергамент. Преклопете ја пергаментната хартија околу путерот за да формирате „перница". Печете ја перницата со путер во микробранова 10 секунди. Месете ја перницата за да се дистрибуира топлината.

d) Продолжете со готвењето во чекори од 5 секунди, погрижете се добро да месете помеѓу загревањето. Бидете многу внимателни да не се стопи путерот.

e) Конзистентноста што ја барате е слична на изматениот путер.

f) Измешајте го путерот во калено чоколадо.

g) Откако целосно ќе се вклопи, додадете го амаретото и солта во ганашот. Добро измешајте за целосно да се вклопи.

h) Наполнете го пергаментниот конус до половина со ганаш и исечете отвор од ¼ инчи на врвот. Ставете ја ганашот во мали могили со големина на Hershey Kiss на хартија за пергамент.

i) Оставете да се стегне, ако е потребно во фрижидер 10 минути.

j) Носејќи ракавици, брзо изматете ги могилите во груба форма на топка и оставете ги да се одморат на пергаментна хартија.

k) Поминете не повеќе од 2 до 3 секунди на секој тартуф, или може да се стопи премногу со топлината на вашите раце. Ако рацете ви се жешки, користете двојни ракавици и работете уште побрзо.

l) Откако сите бонбони ќе бидат грубо обликувани во топка, секоја брзо тркалајте ја меѓу дланките за да направите позаоблени бонбони.

m) Намалете ја преостанатата половина од млечното чоколадо во вториот сад користејќи го овој метод.

n) Носејќи нови ракавици за чекорите 8 и 9, ставете до 3 БОНБОНИ во садот со чоколадо.

o) Работејќи брзо, користете ја едната рака за да бидете сигурни дека тартуфот е целосно премачкан со чоколадо, а потоа користете ја истата рака за да го подигнете тартуфот од садот, дозволувајќи му да капе вишокот чоколадо пред да го ставите во плитката чинија или чинија со подготвени ореви.

p) Од друга страна, со лажица се тркалаат секој тартуф во оревите додека не се премачкаат добро. Со истата рака извадете ги премачканите бонбони и ставете ги на хартија за печење.

q) Повторете ги чекорите 8 и 9 со преостанатите бонбони.

r) Да се чува во херметички сад на ладно, суво, темно и место без мирис до 1 недела

43.Бонбони од роза од ф'стаци

СОСТОЈКИ:

- 8 унци бело чоколадо, ситно сечкано
- ½ чаша густ крем
- 2 лажици несолен путер, на собна температура
- ¼ чаша мелени ф'стаци
- ½ лажичка розова вода
- Сечкани ф'стаци или ливчиња од роза, за премачкување

ИНСТРУКЦИИ:

a) Ставете ја сечканата бела чоколада во сад отпорен на топлина.

b) Во мало тенџере загрејте ја густата павлака на средна топлина додека не почне да крчка. Тргнете од оган.

c) Истурете го врелиот крем врз сечканото чоколадо и оставете го да отстои непречено 1-2 минути.

d) Нежно мешајте ја смесата додека чоколадото целосно не се стопи и изедначи.

e) Додадете го путерот, мелените ф'стаци и розовата вода. Мешајте додека целосно не се вклопи.

f) Покријте го садот со пластична фолија и ставете го во фрижидер најмалку 2 часа или додека не се стегне.

g) Со помош на лажичка или мала топка, исечете го ганашот и расукајте го во топчиња.

h) Виткајте ги бонбоните во сечкани ф'стаци или ливчиња од роза за да се премачкаат.

i) Чувајте ги БОНБОНИ во фрижидер додека не се подготвени за уживање.

СОСТОЈКИ:

- 8 унци темно чоколадо, ситно сечкано
- ½ чаша густ крем
- 2 лажици несолен путер, на собна температура
- ½ чаша сецкани ореви
- 2 лажици јаворов сируп
- Шеќер во прав или какао во прав, за тркалање

ИНСТРУКЦИИ:

Сечканото темно чоколадо ставете го во сад отпорен на топлина.

Во мало тенџере загрејте ја густата павлака на средна топлина додека не почне да крчка. Тргнете од оган.

Истурете го врелиот крем врз сечканото чоколадо и оставете го да отстои непречено 1-2 минути.

Нежно мешајте ја смесата додека чоколадото целосно не се стопи и изедначи.

Додадете ги путерот, сечканите ореви и јаворов сируп. Мешајте додека целосно не се вклопи.

Покријте го садот со пластична фолија и ставете го во фрижидер најмалку 2 часа или додека не се стегне.

Со помош на лажичка или мала топка, исечете го ганашот и расукајте го во топчиња.

Виткајте ги бонбоните во шеќер во прав или какао во прав за да се премачкаат.

Чувајте ги БОНБОНИ во фрижидер додека не се подготвени за сервирање.

45.Бонбони за крцкање со путер од кикирики

СОСТОЈКИ:

- 8 унци темно чоколадо, ситно сечкано
- ½ чаша густ крем
- 2 лажици несолен путер, на собна температура
- ½ чаша (125 g) мазен путер од кикирики
- ½ шолја мелени ѓевреци
- Мелени кикиритки или переци, за премачкување

ИНСТРУКЦИИ:

a)   Сечканото темно чоколадо ставете го во сад отпорен на топлина.

b)   Во мало тенџере загрејте ја густата павлака на средна топлина додека не почне да крчка. Тргнете од оган.

c)   Истурете го врелиот крем врз сечканото чоколадо и оставете го да отстои непречено 1-2 минути.

d)   Нежно мешајте ја смесата додека чоколадото целосно не се стопи и изедначи.

e)   Додадете ги путерот и путерот од кикирики. Мешајте додека целосно не се вклопи.

f)   Измешајте ги мелените ѓевреци.

g)   Покријте го садот со пластична фолија и ставете го во фрижидер најмалку 2 часа или додека не се стегне.

h)   Со помош на лажичка или мала топка, исечете го ганашот и расукајте го во топчиња.

i)   Виткајте ги бонбоните во мелени кикирики или ѓевреци за да се премачкаат.

j)   Чувајте ги БОНБОНИ во фрижидер додека не се подготвени за уживање.

k)   Уживајте во овие јаткасти бонбони со нивните прекрасни текстури и вкусови!

46.Кашу карамел бонбони

СОСТОЈКИ:

- 8 унци млечна чоколада, ситно сечкана
- ½ чаша густ крем
- 2 лажици несолен путер, на собна температура
- ½ чаша печени индиски ореви, ситно сецкани
- ¼ чаша карамел сос
- Мелени индиски ореви или шеќер во прав, за премачкување

ИНСТРУКЦИИ:

a) Ставете ја сечканата млечна чоколада во сад отпорен на топлина.

b) Во мало тенџере загрејте ја густата павлака на средна топлина додека не почне да крчка. Тргнете од оган.

c) Истурете го врелиот крем врз сечканото чоколадо и оставете го да отстои непречено 1-2 минути.

d) Нежно мешајте ја смесата додека чоколадото целосно не се стопи и изедначи.

e) Додадете го путерот, сечканите индиски ореви и карамел сосот. Мешајте додека целосно не се вклопи.

f) Покријте го садот со пластична фолија и ставете го во фрижидер најмалку 2 часа или додека не се стегне.

g) Со помош на лажичка или мала топка, исечете го ганашот и расукајте го во топчиња.

h) Виткајте ги бонбоните во мелени индиски ореви или шеќер во прав за да се премачкаат.

i) Чувајте ги БОНБОНИ во фрижидер додека не се подготвени за уживање.

47.Бонбони со бела чоколада од макадамија

СОСТОЈКИ:

- 8 унци бело чоколадо, ситно сечкано
- ½ чаша густ крем
- 2 лажици несолен путер, на собна температура
- ½ чаша печени макадамија ореви, ситно сецкани
- ½ лажичка екстракт од ванила
- Бело чоколадо или шеќер во прав, за премачкување

ИНСТРУКЦИИ:

a) Ставете ја сечканата бела чоколада во сад отпорен на топлина.

b) Во мало тенџере загрејте ја густата павлака на средна топлина додека не почне да крчка. Тргнете од оган.

c) Истурете го врелиот крем врз сечканото чоколадо и оставете го да отстои непречено 1-2 минути.

d) Нежно мешајте ја смесата додека чоколадото целосно не се стопи и изедначи.

e) Додадете го путерот, сечканите макадамија и екстрактот од ванила. Мешајте додека целосно не се вклопи.

f) Покријте го садот со пластична фолија и ставете го во фрижидер најмалку 2 часа или додека не се стегне.

g) Со помош на лажичка или мала топка, исечете го ганашот и расукајте го во топчиња.

h) Виткајте ги бонбоните во стопено бело чоколадо или шеќер во прав за да се премачкаат.

i) Чувајте ги БОНБОНИ во фрижидер додека не се подготвени за сервирање.

48.Нанаимо Бонбонс

СОСТОЈКИ:

- 1 шолја темно чоколадо, ситно сечкано
- ½ чаша густ крем
- ½ чаша несолен путер, стопен
- ¼ чаша гранулиран шеќер
- ¼ чаша какао во прав
- 1 лажичка екстракт од ванила
- 2 чаши трошки од Греам крекер
- 1 чаша рендан кокос
- ½ шолја сечкани ореви или пекан (по избор)
- ¼ чаша несолен путер, омекнат
- 2 лажици крем за прав или смеса за пудинг од ванила
- 2 чаши шеќер во прав
- Дополнително какао во прав или рендан кокос за тркалање (по избор)

ЈАС

НСТРУКЦИИ:

a) Ставете го темното чоколадо во сад отпорен на топлина.

b) Во мало тенџере загрејте ја густата павлака на средна топлина додека не почне да крчка. Тргнете од оган.

c) Истурете го врелиот крем врз сечканото темно чоколадо и оставете го да отстои една минута.

d) Мешајте ја смесата додека чоколадото целосно не се стопи и изедначи.

e) Во голем сад за мешање измешајте ги стопениот путер, гранулираниот шеќер, какаото во прав и екстрактот од ванила.

f) Во смесата додадете ги трошките од грахам крекерот, рендениот кокос и сечканите ореви (ако користите) и измешајте додека не се соедини добро.

g) Во посебен сад, крем заедно со омекнат путер и крем во прав (или смеса за пудинг од ванила) додека не се изедначи.

h) Постепено додавајте го шеќерот во прав во смесата со путер, мешајќи додека не се добие мазен фил.

i) Земете една лажица од чоколадната смеса и израмнете ги во рака. Во центарот на секој сплескан чоколаден диск, ставете мало парче од филот за крем.

j) Завиткајте ја чоколадната смеса околу филот, тркалајќи ја во форма на топка.

k) Изборно: Виткајте ги бонбоните во какао во прав или рендан кокос за рамномерно да се премачкаат.

l) Ставете ги бонбоните во херметички сад и ставете ги во фрижидер додека не се подготвени за сервирање.

49.Бонбони од марципан од ф'стаци

СОСТОЈКИ:

- 1 шолја бело чоколадо, ситно сечкано
- ½ чаша густ крем
- 1 чаша ф'стаци, ситно мелени
- ¼ чаша оброк од бадеми или мелени бадеми
- ¼ чаша шеќер во прав
- ½ лажичка екстракт од бадем
- Зелена боја за храна (опционално)
- Мелени ф'стаци или шеќер во прав (за виткање)

ИНСТРУКЦИИ:

a) Белата чоколада ставете ја во сад отпорен на топлина.

b) Во мало тенџере загрејте ја густата павлака на средна топлина додека не почне да крчка. Тргнете од оган.

c) Топлата павлака прелијте ја со сечканото бело чоколадо и оставете да отстои една минута.

d) Мешајте ја смесата додека чоколадото целосно не се стопи и изедначи.

e) Во посебен сад измешајте ги мелените ф'стаци, брашното од бадеми, шеќерот во прав и екстрактот од бадем.

f) Постепено додавајте ја смесата од ф'стаци во чоколадната смеса, мешајте додека убаво не се соедини.

g) Ако сакате, додадете неколку капки зелена прехранбена боја за да постигнете живописна зелена боја.

h) Покријте го садот со најлонска фолија и ставете го во фрижидер околу 2 часа или додека смесата не се стегне.

i) Од изладената смеса изматете лажички и превртете ги во мали топчиња.

j) Виткајте ги бонбоните во мелени ф'стаци или шеќер во прав за рамномерно да се премачкаат.

k) Ставете ги бонбоните во херметички сад и ставете ги во фрижидер додека не се подготвени за сервирање.

БОЗИ БОНБОНИ

50.БОНБОНИ Creme de Menthe

СОСТОЈКИ:

ЗА ПОЛНЕЊЕ:
- 2 чаши (околу 240гр) шеќер во прав
- 2 лажици несолен путер, омекнат
- 1 1/2 лажици ликер Creme de Menthe
- 1/2 лажичка чист екстракт од пеперминт
- Зелена боја за храна (опционално)
- 1/4 лажичка сол

ЗА ЧОКОЛАДЕН ПРЕГЛЕД:
- 200 гр темно чоколадо (околу 65% какао), ситно сечкано
- 20 гр путер
- Нотка сол

ИНСТРУКЦИИ:

ПОДГОТВЕТЕ ГО филот:

a) Во сад за матење измешајте ги шеќерот во прав и омекнатиот путер. Добро измешајте додека не добиете ронлива смеса.

b) Додадете го ликерот Creme de Menthe и чистиот екстракт од пеперминт во садот. Ако сакате, додадете неколку капки зелена прехранбена боја за нане зелена нијанса.

c) Измешајте ги состојките додека не се соединат за да формираат мазно, еластично тесто. Можеби ќе треба да ги користите рацете за да ја замесите смесата во топка.

d) Ако тестото е премногу лепливо, можете да додадете уште малку шеќер во прав. Ако е премногу сува, додадете мала количина ликер Creme de Menthe.

e) Расукајте го тестото во мали топчиња со дијаметар од околу 1 инч и ставете ги на плех обложен со хартија за печење.

f) Ставете го плехот во фрижидер за да се стегне филот од нане додека го подготвувате чоколадниот премаз.

ПОДГОТВЕТЕ ГО ЧОКОЛАДНАТА ПРЕГЛЕД:

g) Во сад за микробранова печка или со двоен котел, растопете ги 200гр темно чоколадо и 20гр путер заедно. Мешајте додека смесата не се изедначи и добро се соедини.

h) Додадете прстофат сол за да го подобрите вкусот на чоколадото.

ПРЕГЛЕТУВАЈТЕ ГО филот од нане:

i) Топчињата за фил од нане извадете ги од фрижидер.

j) Со помош на вилушка или чепкалка за заби, потопете ја секоја топка од нане во стопената чоколада, осигурувајќи дека е целосно премачкана.

k) Оставете го вишокот чоколадо да капе пред да ги вратите обложените топчиња од нане назад на плехот обложен со хартија за пергамент.

ПОСТАВЕТЕ ГИ БОНБОНИ:

l) Оставете ги топчињата за фил од нане обложени со чоколадо да се стегнат на собна температура. Чоколадото ќе се стврдне додека се лади.

m) Можете исто така да го забрзате процесот со ставање на плехот во фрижидер околу 20 минути.

n) Штом чоколадната лушпа целосно ќе се стврдне, вашите бонбони Creme de Menthe се подготвени за уживање.

o) Чувајте ги во херметички сад на ладно место додека не сте подготвени да ги послужите.

51.Б гаден Карамел бонбони

СОСТОЈКИ:
ЗА ФИЛОТ КАРАМЕЛ:
- 6,9 унци гранулиран шеќер
- 2 унци вода
- 2 унци лесен пченкарен сируп
- 5 унци дебела павлака
- 2 лажици путер
- Избришани семиња од 1/2 зрна ванила
- 1/2 лажичка сол
- 2 лажици рум, виски или бурбон

ЗА ЧОКОЛАДНАТА ШОКОЛА:
- Обоен путер од какао (опционално)
- 16 унци 58% чоколадо од кувертура
- Морска сол за посипување

ИНСТРУКЦИИ:
ПОДГОТВЕТЕ ГО КАРАМЕЛОТ ФИЛ:
a) Во средно тенџере со дебело дно, измешајте шеќер, вода и сируп од пченка и измешајте. Измијте ги страните на тавата со четка за пециво натопена во чиста вода за да ги отстраните кристалите од шеќер.

b) Ставете го тенџерето на средно-силен оган и варете 7-10 минути, во тој момент смесата ќе почне да потемнува. Завртете го тенџерето за да ја изедначите карамелизирањето, дозволувајќи му на карамелата да стане длабоко килибар.

c) Застанете наназад и внимателно додајте го кремот (внимавајте бидејќи ќе испрска, ќе се подигне и ќе плука), а потоа исклучете го огнот.

d) Откако е безбедно, изматете ја смесата додека не се изедначи.

e) Изматете го путерот додека не се растопи целосно.

f) Додадете ги семките од ванила, алкохолот и солта и оставете ја смесата целосно да се излади.

ПОДГОТВЕТЕ ГО ЧОКОЛАДНАТА ШОКОЛА:
g) Чоколадото исечкајте го на многу мали парчиња и поделете го рамномерно во два сада (еден многу голем и еден мал). Големиот сад ќе се користи за топење на чоколадото, а малиот го содржи чоколадото „семе" за калење.

h) Ставете тенџере со вода да зоврие на шпорет. Кога водата ќе зоврие, исклучете ја топлината и ставете го големиот сад со чоколадо над топлата вода да се растопи.

i) Намалете ја чоколадата со мешање за да ја доведете до 115°F (46°C).

j) Почнете да додавате резервирано чоколадо по малку и енергично мешајте ја смесата без престан.

k) Продолжете да додавате чоколадо со резервирано семе и промешајте додека температурата на чоколадата не се спушти на 90°F (32°C). Чоколадото сега е калено. Погрижете се да не останат цврсти парчиња чоколадо во садот.

СОБРАТЕТЕ ГИ БОНБОНИ:

l) Калапот за бонбон малку загрејте го така што ќе го мавтате на пламен на шпоретот или ќе го ставите во топла рерна за момент. Ова ќе му помогне на чоколадото да тече преку него без да се фаќа веднаш кога ќе удри во калапот, спречувајќи формирање на воздушни меури.

m) Истурете чоколадо во секоја празнина во калапот. Оставете го да отстои 10 секунди, а потоа превртете го калапот преку сад за да истече вишокот чоколадо.

n) Допрете го калапот за да го истресете дополнителниот вишок, а потоа превртете го калапот назад.

o) Со флексибилна метална стругалка, изгребете го горниот дел за да го исчистите вишокот чоколадо.

p) Ставете го калапот во фрижидер 2-3 минути, а потоа извадете го.

ПОЛНЕЊЕ НА БОНБОНИ:

q) Посипете прстофат морска сол во секоја чоколадна лушпа.

r) Користејќи цевководна кеса опремена со мал врв или пергаментен конус, изладената карамела со цевка во лушпите, застанувајќи 3-4 милиметри под работ за да оставите простор за запечатување.

s) Уверете се дека чоколадото е уште калено. Ако не, можеби ќе треба да го вратите на 115°F, а потоа надолу до 90°F.

t) Врвот на секоја бомбона со цевка или прелијте со чоколадо.

u) Исчистете го горниот дел за да се запечати, а потоа ставете го калапот во фрижидер 2-3 минути.

v) Завртете го калапот за да ги ослободите чоколадите, превртете го наопаку и извлечете ги од калапот.

w) Исчистете ја работната површина од бонбони и потчукнете го калапот на бројачот за да ги ослободите преостанатите бонбони.

x) Чувајте ги чоколадите на ладно и суво место.

52.БУЗИпутер од кикирики бонбон

СОСТОЈКИ:

ЗА филот со путер од кикирики:

- 1 чаша мазен путер од кикирики
- 2 лажици бурбон (или пијалок по ваш избор)
- 2 лажици шеќер во прав
- 1/4 чаша трошки од крекер од Греам
- Нотка сол

ЗА ЧОКОЛАДЕН ПРЕГЛЕД:

- 12 унци полуслатка чоколада, исечкана
- 2 лажици путер

ИНСТРУКЦИИ:

a) Во сад за матење, измешајте го мазниот путер од кикирики, бурбонот (или саканиот пијалок), шеќерот во прав, трошките од крекерот Греам и малку сол. Мешајте додека добро не се соединат сите состојки.

b) Земете мали порции од смесата со путер од кикирики и виткајте ги во топчиња со големина на залак. Ставете ги топчињата на плех обложен со пергамент и оладете ги во фрижидер околу 15-20 минути додека не се стегнат.

c) Додека топчињата од путер од кикирики се ладат, подгответе ја чоколадната обвивка. Во сад за микробранова печка, измешајте ги сечканото полуслатко чоколадо и путерот. Се пече во микробранова во интервали од 30 секунди, мешајќи помеѓу секое, додека чоколадото целосно не се стопи и изедначи.

d) Со помош на вилушка или алатка за потопување чоколадо, натопете ја секоја топка од путер од кикирики во стопената чоколада, осигурувајќи дека е целосно премачкана. Оставете го вишокот чоколадо да капе назад во садот.

e) Поставете ги бонбоните со путер од кикирики обложени со чоколадо на листот за печење обложен со пергамент.

f) По желба, можете да посипете малку сечкани кикиритки, морска сол или украсни преливи врз секоја бонбона пред да се стегне чоколадната обвивка.

g) Оставете ги бонбоните да се изладат и ставете ги во фрижидер околу 30 минути или додека чоколадната лушпа не се стврдне.

h) Штом чоколадото целосно ќе се стегне, вашите бонбони со путер од кикирики БУЗИсе подготвени за уживање. Послужете ги како слатко уживање или прекрасен десерт со примеси на вкусен вкус.

53.Маргарита Бонбон с

СОСТОЈКИ:

ЗА МАРГАРИТА ФИЛ:

- 1/4 шолја текила
- 2 лажици тројно сек (ликер од портокал)
- 2 лажици свеж сок од лимета
- 2 лажици шеќер во прав
- Кора од една лимета
- Нотка сол

ЗА БЕЛО ЧОКОЛАДЕН ПРЕГЛЕД:

- 8 унци бело чоколадо, исечкано
- 1 лажица несолен путер
- Нотка морска сол

ИНСТРУКЦИИ:

a)   Во сад за матење измешајте ја текилата, тројно секунда, свеж сок од лимета, шеќер во прав, кора од лимета и малку сол. Мешајте додека добро не се соединат сите состојки. Вкусете и прилагодете ја сладоста или густината по желба.

b)   Расукајте ја смесата со маргарита во мали топчиња со големина на залак и ставете ги на плех обложен со пергамент. Оставете ги во фрижидер околу 15-20 минути за да се стегнат.

c)   Додека топчињата маргарита се ладат, подгответе го премазот од бело чоколадо. Во сад за микробранова печка, измешајте ги сечканото бело чоколадо и путерот. Се пече во микробранова во интервали од 30 секунди, мешајќи помеѓу секое, додека чоколадото целосно не се стопи и изедначи. Внимавајте да не се прегрее чоколадото.

d)   Со помош на вилушка или алатка за потопување чоколадо, потопете ја секоја топка маргарита во стопената бела чоколада, осигурувајќи се дека е целосно премачкана. Оставете го вишокот чоколадо да капе назад во садот.

e)   Повторно ставете ги маргарита-бонбоните обложени со бело чоколадо на плехот обложен со пергамент.

f)   Оставете ги бонбоните да се изладат и ставете ги во фрижидер околу 30 минути или додека не се стврдне кората од бело чоколадо.

g)   Штом чоколадото целосно ќе се стегне, вашите БУЗИMargarita БОНБОНИ се подготвени за уживање. Овие слатки и лути задоволства содржат прекрасен вкус на маргарита со вкусен пресврт.

54.Бонбон од праска бурбон

СОСТОЈКИ:

ЗА ФИЛН БУРБОН ПРАСКИ:

- 1/2 чаша зрели праски, излупени и ситно исечени
- 2 лажици бурбон
- 1 лажица шеќер во прав
- 1/4 лажичка екстракт од ванила
- Нотка сол

ЗА ТЕМНО ЧОКОЛАДНО ПРЕГЛЕД:

- 8 унци темно чоколадо, исечкано
- 1 лажица несолен путер

ИНСТРУКЦИИ:

a) Во сад за матење измешајте ги ситно исечените зрели праски, бурбонот, шеќерот во прав, екстрактот од ванила и малку сол. Мешајте додека состојките добро не се соединат, а смесата има добар баланс на сладост и вкус на бурбон.

b) Расукајте ја смесата со бурбон од праска во мали топчиња со големина на залак и ставете ги на плех обложен со пергамент. Оставете ги во фрижидер околу 15-20 минути за да се стегнат.

c) Додека топчињата од праска се ладат, подгответе го премазот од темно чоколадо. Во сад за микробранова печка, измешајте ги сечканото темно чоколадо и путерот. Се пече во микробранова во интервали од 30 секунди, мешајќи помеѓу секое, додека чоколадото целосно не се стопи и израмни. Внимавајте да не се прегрее чоколадото.

d) Со помош на вилушка или алатка за потопување чоколадо, потопете го секое топче бурбон праска во стопеното темно чоколадо, осигурувајќи се дека е целосно премачкано. Оставете го вишокот чоколадо да капе назад во садот.

e) Вратете ги бурбоните од праска обложени со темно чоколадо на плехот обложен со пергамент.

f) Оставете ги бонбоните да се изладат и ставете ги во фрижидер околу 30 минути или додека не се стврдне лушпата од темно чоколадо.

55.Цреши обложени со темно чоколадо

СОСТОЈКИ:

- 40 унци црeши мараскино со стебла, исцедени
- 1 ¾ чаши зачинет рум повеќе или помалку за да ги покрие црешите
- 1 ½ шолја темно чоколадо
- 1 лажичка скратување по избор, можеби не е потребно
- ½ чаша шеќер за брусење

ИНСТРУКЦИИ:

a) Исцедете ги црешите, резервирајте го сокот за друга намена. Нема да се користи во овој рецепт, но е одличен за коктели и многу повеќе.

b) Ставете ги црешите во тегла или друг сад со големина на кварта. Покријте целосно со зачинет рум. Затворете и ставете го во фрижидер најмалку 24 часа, до 72 часа. Колку подолго седат црешите во румот, толку појак ќе имаат вкус.

c) Следно, исцедете ги црешите натопени со рум. Чувајте го овој рум наполнет со цреша. ТОЛКУ е добар за коктели. Ставете ги црешите на слоеви хартиени крпи 10 минути. Овој чекор осигурува дека чоколадната обвивка ќе се залепи за овошјето.

d) Обложете послужавник или послужавник со хартија за пергамент. Ставете го украсниот шеќер во плитка чинија или сад.

e) Растопете го темното чоколадо според упатствата на пакувањето. Користете мал сад што е доволно длабок за да ги натопите вишните.

f) Ако чоколадото е премногу густо, измешајте околу една кафена лажичка скратување додека не се стопи и чоколадото не се изедначи.

g) Додека е топло чоколадото, потопувајте ги црешите една по една. Прво натопете во чоколадото, па потоа во шеќерот.

h) Ставете ги натопените вишни на подготвениот пергамент. Кога ќе завршите со потопување на сите вишни, ставете ги во фрижидер додека не се стегнат.

56.Хорчата бело чоколаден тартуф

СОСТОЈКИ:

- 1 шолја смеса за француска торта од ванила просејна
- ¼ лажичка мелен цимет
- 4 унци крем сирење
- Торба од 11 унци со парчиња бело чоколадо, поделени
- 1 лажица путер
- ⅓ чаша Chila 'Orchata
- 1 лажица кокосово масло
- Посипете за декорација

ИНСТРУКЦИИ:

a) Користете електричен миксер за да ги замачкате крем сирењето и путерот.

b) Растопете половина од парчињата бело чоколадо со микробранова и мешајќи ги на секои 30 секунди додека не се изедначи.

c) Додадете го чоколадото во миксер и соединете го со смесата со крем сирење. Додадете го чила румот.

d) Користете сика за да ја просеете смесата за колачи во посебен сад за да ги отстраните сите грутки.

e) Измешајте го циметот во смесата за колачи.

f) Во садот за миксер полека додајте ги сувите состојки и измешајте да се соединат.

g) Ставете ја оваа смеса во фрижидер неколку часа за да се стегне филот.

h) Со мала топка направете топче од филот. Со рака, виткајте ги во топчиња (можеби се лепливи, но тоа е во ред) и потоа превртете ги во шеќер во прав. Замрзнете 30 минути.

i) Извадете ги од зам

j)   рзнувачот и по желба преобликувајте ги топчињата.

k)   Другата половина од белото чоколадо печете го во микробранова со 1 лажица кокосово масло, мешајќи на секои 30 секунди додека не се изедначи.

l)   Со лажица потопете ги топчињата во чоколадната обвивка и премачкајте ги темелно.

m) Префрлете ги во плех обложен со восочна хартија и веднаш додајте прскалки и украси.

n)   Вратете ги накратко во замрзнувачот за да се стегнат.

o)   Послужете ги топчињата во чаши за бонбони. Уживајте!

57.Бонбони од кокос рум

СОСТОЈКИ:

- 8 унци темно чоколадо, ситно сечкано
- ½ чаша густ крем
- 2 лажици несолен путер, на собна температура
- ¼ чаша рендан кокос
- 2 лажици рум
- Испечени кокосови снегулки, за премачкување

ИНСТРУКЦИИ:

a) Сечканото темно чоколадо ставете го во сад отпорен на топлина.

b) Во мало тенџере загрејте ја густата павлака на средна топлина додека не почне да крчка. Тргнете од оган.

c) Истурете го врелиот крем врз сечканото чоколадо и оставете го да отстои непречено 1-2 минути.

d) Нежно мешајте ја смесата додека чоколадото целосно не се стопи и изедначи.

e) Додадете ги путерот, рендениот кокос и румот. Мешајте додека целосно не се вклопи.

f) Покријте го садот со пластична фолија и ставете го во фрижидер најмалку 2 часа или додека не се стегне.

g) Со помош на лажичка или мала топка, исечете го ганашот и расукајте го во топчиња.

h) Свиткајте ги бонбоните во препечени кокосови снегулки за да се премачкаат.

i) Чувајте ги БОНБОНИ во фрижидер додека не се подготвени за сервирање.

58.Бонбони со малина од бело чоколадо

СОСТОЈКИ:

- 200 гр бело чоколадо
- 50 гр дебела павлака
- 10 g замрзнати сушени малини
- дополнителни замрзнати малини за премачкување

ИНСТРУКЦИИ:

a) Измелете ги замрзнатите малини во прашина.

b) Просејте го прашокот барем еднаш за да ги отстраните семките

c) Белото чоколадо исецкајте го на ситни парчиња.

d) Во микробранова печка, загрејте ја густата павлака додека не се загрее. Не се вари!

e) Чоколадото прелијте го со топла павлака и оставете да отстои неколку минути.

f) Додадете го овошниот прав и измешајте додека убаво не се соедини. Користете повеќе пудра за посилен вкус на малина и подлабока боја.

g) Доколку е потребно, печете во микробранова во интервали од 5 секунди додека целосно не се стопи и изедначи.

h) Се лади на собна температура.

i) Намалете мали топчиња на обложена тава и изладете дополнително.

j) Секоја топка превртете ја помеѓу дланката додека не се изедначи.

k) Секое формирано топче валкајте го во преостанатиот овошен прав додека целосно не се премачка. Нежно фрлајте меѓу прстите за да ја истресете дополнителната пудра. Виткајте уште неколку пати за да се осигурате дека прашокот е целосно прицврстен за чоколадото.

l) Послужете на собна температура.

59.БУЗИ ОРЕОБОНБОНИ

СОСТОЈКИ:

- 3 чаши Орео трошки од колачиња
- 1 шолја шеќер во прав
- ⅓ чаша крем ликер
- 2 лажици лесен пченкарен сируп
- какао во прав, за премачкување

ИНСТРУКЦИИ:

a) Измешајте ги сите состојки во голем сад.
b) Се тркалаат во топчиња од една инчи.
c) Премачкајте со какао во прав.
d) Оладете неколку часа или преку ноќ.

СОСТОЈКИ:
ЗА АМАРЕТО ЧОКОЛАДНИТЕ БОНБОНИ:
- 2⅔ чаши полуслатка чоколада, ситно сечкана
- 1 чаша густ крем
- 1 лажичка екстракт од бадем
- 2 и ½ лажици ликер Амарето
- 6 лажици несолен путер, исечен на мали коцки

ЗА ЧОКОЛАДЕН ПРЕГЛЕД:
- 2⅔ чаши полуслатка чоколада, ситно сечкана
- ¼ чаша бадем, грубо сецкан

ИНСТРУКЦИИ:
ЗА АМАРЕТО ЧОКОЛАДНИТЕ БОНБОНИ:
a) Ставете сечкана чоколада во сад отпорен на топлина со средна големина и оставете го на страна.

b) Во мало тенџере на средна топлина ставете го кремот да зоврие. Откако ќе почне да врие, тргнете го кремот од оган.

c) Истурете го кремот врз сечканото чоколадо и оставете ја смесата да отстои, недопрена, една минута. Изматете мазно. Измешајте ги екстрактот од бадем, амарето и путерот и енергично изматете додека не се изедначи и сјајна.

d) Се трга на страна и се лади на собна температура. Цврсто покријте го садот со пластична фолија и ставете го во фрижидер 2 часа или додека не се стегне доволно за да се излади.

e) Пред да започнете да ги тркалате вашите БОНБОНИ, проверете дали имате доволно простор во вашиот фрижидер за двата плехови за печење; Бонбоните мора повторно да се оладат пред да се натопат во чоколадната обвивка.

ДА СЕ ТРКАЛА:
f) Две големи листови обложете ги со хартија за печење и оставете ги на страна.

g) Извадете околу 3 лажички од филот со тартуфи и брзо превртете го меѓу рацете за да формирате топка. Префрлете го во подготвениот плех и повторете со сите бонбони. Валаните бонбони ставете ги во фрижидер најмалку 20 минути пред да ги потопите во чоколадото.

h) Во меѓувреме, можете да го калете чоколадото.

ЗА ЧОКОЛАДЕН ПРЕГЛЕД:

i)   Наполнете го средното тенџере една третина со вода и ставете го на тивок оган на средна топлина. На врвот на тавата ставете сад отпорен на топлина кој цврсто ќе се вклопи на врвот на тавата, но нема да ја допира зовриената вода. Намалете ја топлината на минимум и ставете две третини од чоколадото во садот. Ставете термометар за бонбони во чоколадото и оставете го да се стопи, често мешајќи со силиконска шпатула. *Не дозволувајте температурата на чоколадото да надмине 120°F.

j)   Откако чоколадото целосно ќе се стопи, тргнете го садот од оган, но тенџерето со зовриена вода држете го на рингла. Избришете го дното на садот за да ја отстраните кондензацијата.

k)   Промешајте го преостанатото чоколадо, по малку, оставајќи го она што сте го додале целосно да се стопи пред да додадете повеќе.

l)   Оставете го на страна и оставете го чоколадото да се излади на 82°F. Штом чоколадото ќе достигне 82°F, повторно ставете го над зовриената вода и повторно загрејте го на температура помеѓу 88°F и 91°F. Отстранете го садот од оган откако ќе ја постигнете точната температура. Чоколадото треба да биде мазно и сјајно, без ленти.

m)   Со помош на вилушка или бонбони, натопете го секој тартуф во чоколадото, дозволувајќи му на вишокот чоколадо да капе назад во садот пред да го префрлите назад во листот за печење со хартија за печење. Одозгора на секој тартуф наросете сечкани бадеми.

n)   Оставете го на страна и оставете го чоколадото да се стегне пред да го послужите околу 1 час. Да се чува во херметички сад, на собна температура, до 1 недела.

61.ГРАНД МАРНИЕ БОНБОНИ

СОСТОЈКИ:

- 1 фунта темно чоколадо ситно сечкано
- 1 чаша дебела павлака или шлаг
- 6 лажици несолен путер на собна температура, исечкан на коцки
- ¼ чаша ГРАНД МАРНИЕ
- ½ чаша какао во прав просеано

ИНСТРУКЦИИ:

a)   Ставете ја сечканата чоколада во сад отпорен на топлина со средна големина. Оставете го настрана додека не е потребно.

b)   Во мало тенџере на средна топлина ставете го кремот да зоврие. Штом ќе почне да врие, тргнете го кремот од оган.

c)   Истурете го врелиот крем врз сечканото чоколадо и оставете ја смесата да отстои, недопрена, една минута. Потоа изматете додека не се изедначи.

d)   Измешајте ги путерот и ГРАНД МАРНИЕ и енергично изматете додека не се изедначи и сјајна.

e)   Се трга на страна и се лади на собна температура. Потоа цврсто покријте го садот со пластична фолија и ставете го во фрижидер 2 и ½ часа или додека не се стегне доволно за да се излади.

f)   Во широк плиток сад ставете го какаото во прав и оставете го на страна.

СОБРАНИЕ:

g) Пред да започнете, проверете дали имате доволно простор во фрижидерот за двата плехови за печење, бидејќи бонбоните мора повторно да се оладат пред да се натопат во чоколадната обвивка.

h) Две големи листови обложете ги со хартија за печење и оставете ги на страна.

i) Измерете 2 лажички од филот со тартуфи и брзо превртете го меѓу рацете за да формирате топка. Префрлете го во подготвениот плех и повторете со сите бонбони. Валаните бонбони ставете ги во фрижидер најмалку 1 час пред да ги потопите во чоколадото. Или одеднаш се тркалаат во какао во прав, а потоа се ставаат во фрижидер.

j) За потопување, извадете ги изладените бонбони од фрижидерот. Со помош на вилушка или бонбони, натопете го секој тартуф во чоколадото, потоа подигнете го преку садот, оставајќи го вишокот чоколадо да капе назад во садот пред повторно да го забиете, потоа подигнете го и оставете го вишокот чоколадо да капе назад во чинија. Откако тартуфот е двојно забиен, внимателно префрлете го назад во плехот обложен со хартија за печење.

k) Врвот на секој тартуф посипете го со малку смачкана ронлива морска сол.

l) Оставете го на страна и оставете го чоколадото да се стегне пред да го послужите околу 1 час. Да се чува во херметички сад, на собна температура, до 1 недела.

62.КАЛУА БОНБОНИ

СОСТОЈКИ:
БОНБОНИ
- ½ фунта млечна чоколада
- ½ фунта темно чоколадо
- ½ чаша густ крем
- 2 лажички инстант кафе во прав
- 2 лажици Кахлуа

Потопување ЧОКОЛАДО
- 1 ½ шолја темно чоколадо
- 2 лажици Криско
- Капе со темно чоколадо (опционално)
- 3,4 унци темно чоколадо
- Ситен дожд со бело чоколадо
- 3,4 унци бело чоколадо

ИНСТРУКЦИИ:
a) Ставете ја и темната и млечната чоколада во голема мерна чаша од 4 чаши. Додадете густ крем и кафе во прав и ставете го во микробранова печка. Гответе на високо во чекори од 30 секунди додека речиси не се стопи. Промешајте за да се стопи преостанатиот чипс. Обично трае околу 1 минута.

b) Додадете КАЛУА во чоколадото, измешајте и ставете ја смесата во замрзнувач околу 2 часа.

c) Обложете го листот за колачиња со восочна хартија. Извадете го чоколадото од замрзнувачот и извадете натрупа кафена лажичка и тркалајте меѓу дланките за да направите топка. Ставете го на листот за колачиња. Продолжете со преостанатото чоколадо. Повторно ставете го во фрижидер/замрзнувач додека се топи чоколадото со потопување.

d) За да направите чоколадо за потопување: Ставете ги чоколадните чипови и Криско во мерна чаша од 2 чаши и варете ги на високо ниво во микробранова печка за чекори од 30 секунди додека речиси не се стопат. Промешајте за да се стопи преостанатиот чипс. Треба да потрае помалку од 1 минута.

e) Извадете ги бонбоните од фрижидер и секоја потопете ја во растопеното чоколадо. (Јас само ги користам прстите, но можете да користите и лажица или чепкалка за заби) Веднаш повторно ставете го на листот за колачиња и ќе видите како чоколадото почнува да се стврднува и сјае. Завршете со потопување на преостанатите бонбони.

f) За да се прелива со темно чоколадо (опционално), ставете ги чоколадните парчиња во мала пластична кеса што може повторно да се затвори. Се става во сад со многу топла вода. Ќе се стопи за многу кратко време. Месете со прсти за да се изедначи смесата, а потоа исечете многу ситно дупче во едниот агол од кесичката и исцедете тенки линии чоколадо преку натопените бонбони.

g) За да се прелива со бело чоколадо, ставете квадрати бело чоколадо во мала пластична кеса што може повторно да се затвори. и следете ги упатствата за преливот од темно чоколадо.

h) Ставете ги бонбоните повторно во фрижидер да се стегнат, потоа извадете ги во покриен сад и чувајте ги во фрижидер.

СОСТОЈКИ:

- Торбичка од 10 унци со квалитетни чипови од темно чоколадо
- 2 лажици путер, исечен на мали парчиња
- ½ чаша + 1 лажица дебела павлака
- Посипете за прелив
- 3 лажици пијалок по избор
- 1 лажица кора од портокал

ИНСТРУКЦИИ:

a) Ставете 10 унци чоколадни чипови во садот со миксер, опремен со додаток за матење.

b) Комбинирајте ½ чаша плус 1 лажица дебела павлака и 2 лажици путер во мало тенџере.

c) Загрејте на средна топлина, често мешајќи додека путерот не се растопи и смесата не зоврие. Веднаш прелијте го со чоколадото и оставете да отстои 2 минути додека чоколадото не омекне.

d) Изматете го чоколадото на тивко додека не почне да се топи, зголемувајќи ја брзината додека чоколадото дополнително се топи. Кога чоколадото целосно ќе се растопи и подуе, додадете 1 лажица кора од портокал (ако користите) и 3 лажици пијалок по избор.

e) Ставете ја чоколадната смеса во фрижидер и изладете ја додека не се стегне (приближно 3 часа)

f) Со топка со топчиња од диња, извадете ја чоколадната смеса и расукајте ја во топчиња. Ставете го на плех обложен со пергамент.

g) Завршете со прелив по ваш избор.

64.Бурбонски пекан бонбони

СОСТОЈКИ:

- 1 шолја темно чоколадо, ситно сечкано
- ½ чаша густ крем
- 2 лажици бурбон
- 1 чаша пекан, ситно сецкан
- ¼ чаша шеќер во прав
- Какао во прав или мелени пекан за тркалање

ИНСТРУКЦИИ:

a)   Ставете го темното чоколадо во сад отпорен на топлина.

b)   Во мало тенџере загрејте ја густата павлака на средна топлина додека не почне да крчка. Тргнете од оган.

c)   Истурете го врелиот крем врз сечканото темно чоколадо и оставете го да отстои една минута.

d)   Мешајте ја смесата додека чоколадото целосно не се стопи и изедначи.

e)   Во чоколадната смеса додајте бурбон и ситно сечканите пекан. Мешајте додека убаво не се соедини.

f)   Покријте го садот со најлонска фолија и ставете го во фрижидер околу 2 часа или додека смесата не се стегне.

g)   Од изладената смеса изматете лажички и превртете ги во мали топчиња.

h)   Виткајте ги бонбоните во какао во прав или мелени пекан за да се премачкаат рамномерно.

i)   Ставете ги бонбоните во херметички сад и ставете ги во фрижидер додека не се подготвени за сервирање.

j)   Уживајте во богатите и вкусни Bourbon Pecan БОНБОНИ!

65.Бонбони за шампањ

СОСТОЈКИ:

- 1 шолја темно чоколадо, ситно сечкано
- ½ чаша густ крем
- ¼ чаша шампањ
- 2 лажици несолен путер, омекнат
- Какао во прав или шеќер во прав за тркалање

ИНСТРУКЦИИ:

a) Ставете го темното чоколадо во сад отпорен на топлина.

b) Во мало тенџере загрејте ја густата павлака на средна топлина додека не почне да крчка. Тргнете од оган.

c) Истурете го врелиот крем врз сечканото темно чоколадо и оставете го да отстои една минута.

d) Мешајте ја смесата додека чоколадото целосно не се стопи и изедначи.

e) Во чоколадната смеса додадете шампањ и омекнат путер. Мешајте додека убаво не се соедини.

f) Покријте го садот со најлонска фолија и ставете го во фрижидер околу 2 часа или додека смесата не се стегне.

g) Од изладената смеса изматете лажички и превртете ги во мали топчиња.

h) Виткајте ги бонбоните во какао во прав или шеќер во прав за да се премачкаат рамномерно.

i) Ставете ги бонбоните во херметички сад и ставете ги во фрижидер додека не се подготвени за сервирање.

66.Чоколадни бонбони

СОСТОЈКИ:

- 8 унци темно чоколадо, ситно сечкано
- 1/2 чаша густ крем
- 2 лажици несолен путер
- 2 лажици чоколаден ликер
- Какао во прав, шеќер во прав или мелени ореви за тркалање

ИНСТРУКЦИИ:

a) Ставете ја ситно сечканата темна чоколада во сад отпорен на топлина.

b) Во мало тенџере, загрејте ја густата павлака и путерот на средна топлина додека не почне да врие. Тргнете од оган.

c) Истурете ја смесата со топла крема врз сечканото чоколадо. Оставете го да отстои минута или две за да омекне чоколадото.

d) Мешајте ја смесата нежно додека чоколадото целосно не се растопи и смесата не се изедначи и добро се соедини.

e) Во чоколадната смеса додадете го пијалакот по ваш избор и мешајте додека целосно не се соедини. Алкохолот ќе додаде вкус и навестување на алкохол на БОНБОНИ.

f) Покријте го садот со пластична фолија и ставете го во фрижидер околу 2-3 часа или додека смесата не стане доволно цврста за да се справи.

g) Откако чоколадната смеса ќе се излади и зацврсти, извадете ја од фрижидер. Со помош на лажичка или мала топка, изделете мали количини од смесата и превртете ги во топчиња меѓу дланките. Валаните бонбони ставете ги на плех или чинија обложена со пергамент.

h) Во овој момент, можете да изберете да ги виткате БОНБОНИ во какао во прав, шеќер во прав или мелени ореви за да ги премачкате. Овој чекор е опционален, но додава убав допир и дополнителен вкус.

i) Откако ќе се тркалаат, вратете ги бонбоните во фрижидер околу 30 минути за повторно да се стегнат.

j) По разладувањето, бонбоните се подготвени за уживање. Чувајте ги во херметички сад во фрижидер до една недела.

ЗАЧИНИ БОНБОНИ

67.Зачинети пралине обоени бонбони

СОСТОЈКИ:
ЗАЧИНА ПРАЛИНЕ:
- 6,2 мл шеќер
- 1,8 мл вода
- 17,6 мл печени цели бадеми
- 0,28 мл путер од какао какао
- Масала зачини
- Морско оревче во прав

ПРАЛИНЕСКИ ФИЛН ОД ЛЕШНИК
- 7 мл печени лешници
- 7 мл шеќер

ОБЕЗБЕДУВАЊЕ
- Млечна чоколада

ИНСТРУКЦИИ:
ЗАЧИНА ПРАЛИНЕ:
a) Во тенџере, варете ги шеќерот и водата додека не достигнат 100°C (212°F).

b) Додадете ги печените цели бадеми и убаво измешајте додека шеќерот не стакне и повторно кристализира околу бадемите.

c) Продолжете со загревање додека шеќерот целосно не се карамелизира околу бадемите.

d) Додадете го путерот од какао Mycryo®, кој ќе помогне да се заштити карамелот од влажност.

e) Додадете ги зачините Масала и продолжете со мешањето.

f) Истурете ја смесата во плех обложен со силиконски подлога и оставете да се излади на 18-20°C (64-68°F).

g) Откако смесата ќе се олади, префрлете ја во процесор за храна и блендирајте додека не добиете мазна и малку зрнеста пралине. Оставете го повторно да се излади на 18-20°C (64-68°F).

ПРАЛИНЕСКИ ФИЛН ОД ЛЕШНИК
h) Во тенџере на средна топлина карамелизирајте го шеќерот додека не се претвори во златно кафеава течност.

i) Додадете ги печените лешници во карамелизираниот шеќер и брзо измешајте за рамномерно да се премачкаат лешниците.

j) Истурете ја смесата на силиконски подлога или хартија за пергамент и оставете ја целосно да се излади.

k) Откако ќе се излади, искршете ја пралината од лешник на мали парчиња и префрлете ја во процесор за храна.

l) Обработете ја пралината во процесорот за храна додека не се претвори во мазна паста.

m) Оставете го филот со пралине од лешник за употреба во следната компонента.

СЕЧЕЊЕ И ЗАБИЛУВАЊЕ

n) Земете ги 200 g (7 oz) зачинет пралине и фил со лешник и измешајте ги додека не се соединат добро. Ова ќе биде вашиот фил за бонбони.

o) Обликувајте ја комбинираната смеса од пралина во мали топчиња со еднаква големина или центри за бонбони. Ставете ги на плех обложен со хартија за печење.

p) Калете го млечното чоколадо за калење според вашиот претпочитан метод на калење. Проверете дали е на вистинската температура за потопување.

q) Со помош на вилушка или лажица, потопете го секој центар на бонбон во калено млечно чоколадо, осигурувајќи дека е целосно премачкано.

r) Обложените бонбони повторно ставете ги на пергаментната хартија и оставете ги да се стегнат.

s) Штом чоколадната обвивка ќе се стврдне, вашите бонбони со зачинети пралине се подготвени за уживање!

68.Чоколадни бонбони со зачини од тиква

СОСТОЈКИ:

- 1/4 чаша пире од сладок компир
- 1/4 чаша путер
- 2 лажици шеќер во прав
- 1 1/2 лажичка пита од тиква зачин
- Неколку капки природна портокалова боја за храна
- 300 грама висококвалитетно темно чоколадо

ИНСТРУКЦИИ:

a) Започнете со топење на темното чоколадо. Чоколадото искршете го на парчиња и ставете го во сад со средна големина. Наполнете мало тенџере со околу два инчи вода и доведете го на тивок оган.

b) Ставете го садот со чоколадото на врвот на тенџерето (со метод на двоен котел). Погрижете се водата во тенџерето да не го допира дното на садот. Повремено мешајте ја чоколадата додека целосно да се растопи, што треба да трае околу 7-10 минути.

c) Откако чоколадото ќе се стопи, наполнете ги вашите чоколадни калапи со тенок слој кој го премачкува дното. Користете мала лажица, стапче за јадење или мала четка за да намачкате дел од чоколадото до половина од страните на калапот. Овој чекор помага да се создаде соодветна заптивка околу полнењето за да се спречи какво било истекување. Калапите ставете ги во фрижидер да се стегнат.

d) Додека се стега чоколадото, почнете да го подготвувате филот. Во сад со средна големина измешајте ги путерот, пасираниот сладок компир, шеќерот во прав и зачинот за пита од тиква. Со рачен миксер изматете ја смесата додека не стане мазна.

e) Ако сакате, додадете неколку капки природна портокалова боја за храна (видете ги белешките за упатства за правење сопствена боја) и мешајте додека не се соедини добро. Префрлете го филот во цевководна кеса или кеса со патент.

f) Извадете го чоколадниот калап од фрижидерот и втурете го филот во секој калап, осигурувајќи се дека филот не ги допира страните на калапот. Наполнете го секој калап до околу 3/4 и вратете го во фрижидер 10-15 минути.

g) Ако стопеното чоколадо се зацврстило, нежно загрејте го на врвот на тенџерето додека повторно не се стопи.

h) Откако ќе се стопи, извадете го калапот од фрижидер и секој калап наполнете го до врвот со растопената чоколада. Откако ќе ги наполните сите, нежно допрете го калапот на работната површина за да ги отстраните воздушните меури. Повторно ставете го во фрижидер 45 минути или додека не се стегне чоколадото.

i) Откако ќе се стегне чоколадото, внимателно отстранете ги бонбоните од калапот. Кога ќе се ужива директно од фрижидерот, чоколадото ќе има задоволувачко крцкање, а филот ќе биде малку густ. Ако сакате помека текстура, оставете ги да дојдат на собна температура.

j) Чувајте ги бонбоните покриени во фрижидер до 5 дена и уживајте во прекрасните вкусови. Уживајте!"

СОСТОЈКИ:

- 200 грама темно чоколадо (70% какао или повеќе)
- 1 анчо чили пиперка, сушена
- 1/4 чаша густ крем
- 2 лажици несолен путер
- 1 лажица шеќер во прав
- 1/2 лажичка екстракт од ванила
- Нотка сол
- Какао во прав, за бришење прашина

ИНСТРУКЦИИ:
ПОДГОТВЕТЕ ИНФУЗИЈА АНЧО ЧИЛИ:

a) Започнете со отстранување на стеблото и семките од сувиот анчо чили пипер. Потоа, исечете го на мали парчиња.

b) Во мало тенџере загрејте ја густата павлака на тивок оган додека не почне да крчка. Тргнете го од оган.

c) Ставете ги парчињата анчо чили во врелиот крем и оставете ги да се стргнат околу 10-15 минути. Овој процес му овозможува на кремот да го апсорбира чадниот вкус на чилито и благата топлина.

СОЗДАДЕТЕ ГАНАШ КРЕМ ЧИЛИ:

d) Процедете го инфузираниот крем низ сито со ситно мрежа за да ги отстраните парчињата чили. Ќе ви остане кремот со вкус.

e) Вратете го кремот наполнет со чили во тенџерето и повторно загрејте го додека не биде жешко, но не и врие.

f) Во посебен сад ситно исецкајте го темното чоколадо и ставете го таму.

g) Истурете го врелиот крем врз сечканото чоколадо и оставете го да отстои една минута за да се растопи чоколадото.

h) Нежно измешајте ја смесата додека не стане мазен, сјаен ганаш

i) Во ганашот вметнете го несолениот путер, шеќерот во прав екстрактот од ванила и малку сол. Мешајте додека сè убаво да соедини и ганашот да стане свилен.

j) Оставете го ганашот да се олади на собна температура, а па ставете го во фрижидер најмалку еден час или додека не е доволно цврст за да се справи.

ОБРАКУВАЈТЕ И ОБЛАСТЕТЕ ГИ БОНБОНИ:

k) Откако ганашот ќе се олади и ќе се стегне, користете лажица или топка за диња за да извадите мали делови од ганашот.

l) Секоја порција превртете ја во мазна топка и ставете ја на плех обложен со хартија за печење.

m) Откако ќе ги обликувате сите бонбони, посипете ги со какао во прав за кадифена завршница.

n) Послужете и уживајте

70.Бонбон за празнични зачини

СОСТОЈКИ:

- 158 гр дебел павлака
- 21 g солено путер
- 19 g превртен шеќер
- 67 g гликоза DE 40
- 27 g вода
- 4 лажици мелен цимет
- 1 лажица мелени каранфилчиња
- 1 лажица мелен боздоган
- 1/3 лажица мелен ѓумбир
- 1/5 лажица мелен бел пипер
- 1/5 лажица мелен кардамон
- 1/5 лажица мелени семки од коријандер
- 1/5 лажица мелени семки од анасон
- 1/5 лажица рендано морско оревче
- 41% млечна чоколада (потребна количина, сечкана)

ИНСТРУКЦИИ:

a) Започнете со сечкање на млечната чоколада Хена 41% во процесор за храна.

b) Во тенџере измешајте ја густата павлака, водата, превртен шеќер, солениот путер, зачините и гликозата.

c) Загрејте ја смесата до 82°C (180°F).

d) Со топлата течна смеса прелијте ја сечканата чоколада.

e) Покријте ја смесата и оставете ја да се свари две минути.

f) По киснењето, измешајте ги состојките 60 секунди.

g) Отворете го капакот и изгребете ги страните од смесата.

h) Промешајте ја смесата за да ја контролирате температурата, осигурувајќи дека не надминува 37°C-38°C (98°F-100°F).

i) Доколку е потребно, се меша во интервали од 15 секунди за да се заврши мешањето на состојките.

j) Проверете ја температурата на ганашот за да се осигурате дека не надминува 37°C-38°C (98°F-100°F).

k) Готовиот ганаш истурете го во рамка, калап или силиконски калапи.

l) Оставете го ганашот да се стегне преку ноќ и потоа исечете го до саканата големина со помош на секач за жица.

m) Обложете ја ганашот со калено чоколадо.

n) Украсете ги бонбоните со чоколадни украси од Mona Lisa Gingerbread Man за празничен допир.

71.АНЧО ЧИЛЕ БОНБОНИ

СОСТОЈКИ:

- 2 лажички мелен цимет
- ⅔ шолја крем од кашу
- 5 лажици путер
- 3 лажички анчо Чиле во прав
- 1 лажичка какао во прав
- Стиснете сол
- ½ фунта горчливо слатко чоколадо, исечкано

ИНСТРУКЦИИ:

a)   Загрејте ја рерната на 350°F и обложете го листот за печење со хартија за печење.

b)   Комбинирајте крем од кашу , 3 лажици путер, 2 лажички анчо Чиле во прав, цимет и сол во средно тенџере; оставете да зоврие, па тргнете го од оган и ладете 2 часа.

c)   Вратете го тенџерето на тивок оган.

d)   Тргнете го од оган и измешајте го горчливото чоколадо и преостанатите 2 лажици путер.

e)   Мешајте 2 до 3 минути или додека чоколадото не се стопи и смесата не се изедначи.

f)   Истурете го тестото во тава за печење и ладете го 4 часа.

g)   Со лажица и раце формирајте ја смесата во топчиња од 1 инчи. Ставете го во фрижидер 30 минути.

h)   Соединете го преостанатото анчо Чиле во прав и какаото во прав во сад, а топчињата превртете ги во прав.

СОСТОЈКИ:

- 8 унци темно чоколадо, ситно сечкано
- ½ чаша густ крем
- 2 лажици несолен путер, на собна температура
- ½ лажичка чили во прав (прилагодете по вкус)
- ¼ лажичка мелен цимет
- Какао во прав, за тркалање

ИНСТРУКЦИИ:

a)   Сечканото темно чоколадо ставете го во сад отпорен на топлина.

b)   Во мало тенџере загрејте ја густата павлака на средна топлина додека не почне да крчка. Тргнете од оган.

c)   Истурете го врелиот крем врз сечканото чоколадо и оставете го да отстои непречено 1-2 минути.

d)   Нежно мешајте ја смесата додека чоколадото целосно не се стопи и изедначи.

e)   Додадете го путерот, чили во прав и мелен цимет. Мешајте додека целосно не се вклопи.

f)   Покријте го садот со пластична фолија и ставете го во фрижидер најмалку 2 часа или додека не се стегне.

g)   Со помош на лажичка или мала топка, исечете го ганашот и расукајте го во топчиња.

h)   Виткајте ги бонбоните во какао во прав додека не се обложат рамномерно.

i)   Чувајте ги БОНБОНИ во фрижидер додека не се подготвени за уживање.

73.Бонбони од роза од кардамон

СОСТОЈКИ:

- 8 унци темно чоколадо, ситно сечкано
- ½ чаша густ крем
- 2 лажици несолен путер, на собна температура
- 1 лажичка мелен кардамон
- ½ лажичка розова вода
- Мелени ф'стаци или ливчиња од роза, за премачкување

ИНСТРУКЦИИ:

a)   Сечканото темно чоколадо ставете го во сад отпорен на топлина.

b)   Во мало тенџере загрејте ја густата павлака на средна топлина додека не почне да крчка. Тргнете од оган.

c)   Истурете го врелиот крем врз сечканото чоколадо и оставете го да отстои непречено 1-2 минути.

d)   Нежно мешајте ја смесата додека чоколадото целосно не се стопи и изедначи.

e)   Додадете го путерот, мелениот кардамон и розовата вода. Мешајте додека целосно не се вклопи.

f)   Покријте го садот со пластична фолија и ставете го во фрижидер најмалку 2 часа или додека не се стегне.

g)   Со помош на лажичка или мала топка, исечете го ганашот и расукајте го во топчиња.

h)   Виткајте ги бонбоните во мелени ф'стаци или ливчиња од роза за да ги премачкате.

i)   Чувајте ги БОНБОНИ во фрижидер додека не се подготвени за сервирање.

74.Зачинети бонбони со џинџифилово

СОСТОЈКИ:

- 8 унци бело чоколадо, ситно сечкано
- ½ чаша густ крем
- 2 лажици несолен путер, на собна температура
- 1 лажичка мелен ѓумбир
- ½ лажичка мелен цимет
- ¼ лажичка мелено морско оревче
- ¼ лажичка мелено каранфилче
- Мелени колачиња од џинџифилово, за премачкување

ИНСТРУКЦИИ:

a) Ставете ја сечканата бела чоколада во сад отпорен на топлина.

b) Во мало тенџере загрејте ја густата павлака на средна топлина додека не почне да крчка. Тргнете од оган.

c) Истурете го врелиот крем врз сечканото чоколадо и оставете го да отстои непречено 1-2 минути.

d) Нежно мешајте ја смесата додека чоколадото целосно не се стопи и изедначи.

e) Додадете ги путерот, мелениот ѓумбир, мелениот цимет, меленото морско оревче и меленото каранфилче. Мешајте додека целосно не се вклопи.

f) Покријте го садот со пластична фолија и ставете го во фрижидер најмалку 2 часа или додека не се стегне.

g) Со помош на лажичка или мала топка, исечете го ганашот и расукајте го во топчиња.

h) Виткајте ги бонбоните во мелени колачиња од џинџифилово за да се премачкаат.

i) Чувајте ги БОНБОНИ во фрижидер додека не се подготвени за уживање.

75.Чоколадни бонбони со пет зачини

СОСТОЈКИ:

- 8 унци темно чоколадо, ситно сечкано
- ½ чаша густ крем
- 2 лажици несолен путер, на собна температура
- 1 лажичка кинески прав со пет зачини
- Напечен сусам, за премачкување

ИНСТРУКЦИИ:

a) Сечканото темно чоколадо ставете го во сад отпорен на топлина.

b) Во мало тенџере загрејте ја густата павлака на средна топлина додека не почне да крчка. Тргнете од оган.

c) Истурете го врелиот крем врз сечканото чоколадо и оставете го да отстои непречено 1-2 минути.

d) Нежно мешајте ја смесата додека чоколадото целосно не се стопи и изедначи.

e) Додадете го путерот и кинескиот прав со пет зачини. Мешајте додека целосно не се вклопи.

f) Покријте го садот со пластична фолија и ставете го во фрижидер најмалку 2 часа или додека не се стегне.

g) Со помош на лажичка или мала топка, исечете го ганашот и расукајте го во топчиња.

h) Виткајте ги бонбоните во тост сусам за да се премачкаат.

i) Чувајте ги БОНБОНИ во фрижидер додека не се подготвени за сервирање.

76.Зачинети портокалови бонбони

СОСТОЈКИ:

- 8 унци темно чоколадо, ситно сечкано
- ½ чаша густ крем
- 2 лажици несолен путер, на собна температура
- Кора од 1 портокал
- ½ лажичка мелен цимет
- Какао во прав, за тркалање

ИНСТРУКЦИИ:

a) Сечканото темно чоколадо ставете го во сад отпорен на топлина.

b) Во мало тенџере загрејте ја густата павлака на средна топлина додека не почне да крчка. Тргнете од оган.

c) Истурете го врелиот крем врз сечканото чоколадо и оставете го да отстои непречено 1-2 минути.

d) Нежно мешајте ја смесата додека чоколадото целосно не се стопи и изедначи.

e) Додадете ги путерот, кората од портокал и мелениот цимет. Мешајте додека целосно не се вклопи.

f) Покријте го садот со пластична фолија и ставете го во фрижидер најмалку 2 часа или додека не се стегне.

g) Со помош на лажичка или мала топка, исечете го ганашот и расукајте го во топчиња.

h) Виткајте ги бонбоните во какао во прав додека не се обложат рамномерно.

i) Чувајте ги БОНБОНИ во фрижидер додека не се подготвени за уживање.

БОНБОНИ СИ СИРЕНИ

77.Чоколадни бонбони КАЈЕТА КОЗА

СОСТОЈКИ:
ЗА КАЈЕТА КОЗА GANACHE:
- 100гр кајета (мексикански карамел сос)
- 50 гр сирење шевр (меко козјо сирење)
- 150 гр темно чоколадо
- 30 ml густа павлака

ЗА ЧОКОЛАДНАТА ШОКОЛА:
- 200 гр темно чоколадо
- 10 гр какао путер во прав (по избор)

ИНСТРУКЦИИ:
ПОДГОТОВКА НА КАЈЕТА КОЗА GANACHE:
a) Во тенџере, нежно загрејте ја кајетата на тивок оган додека не стане помазна и полесна за работа.

b) Во сад за матење соедините ги кајетата и сирењето и мешајте додека не се соединат добро.

c) Загрејте ја густата павлака во друго тенџере додека речиси не зоврие. Тргнете го од оган и додадете го темното чоколадо. Мешајте додека чоколадото целосно не се растопи и смесата не се изедначи.

d) Додадете ја смесата со чоколадо и крем во смесата со кајета чевр. Мешајте додека не добиете мазен, кремаст ганаш.

СОЗДАВАЊЕ НА ЧОКОЛАДНИ КОЛКИ:
e) Намалете го темното чоколадо за лушпите од бонбон. Можете да додадете и путер од какао во прав за да ја подобрите текстурата на чоколадото.

f) Со калап за бонбон наполнете ги шуплините со калено чоколадо, внимавајќи рамномерно да ја премачкате целата површина.

g) Нежно допрете го калапот на работната површина за да ги отстраните воздушните меури и да се осигурате дека чоколадото ги премачкува рабовите на калапот.

h) Истурете го вишокот чоколадо, оставајќи ја само лушпата.

СОБИРАЊЕ НА БОНБОНИ:

i)   Ставете го ганашот од кајета шевр во чоколадните лушпи, оставајќи малку простор за запечатување.

j)   Запечатете ги бонбоните со повеќе калено чоколадо.

k)   Оставете ги бонбоните да се стегнат на собна температура додека чоколадото не се стврдне.

l)   Откако ќе се стегнат, внимателно отстранете ги бонбоните од калапот.

СОСТОЈКИ:
ЗА БОНБОНИ:
- 1 1/2 чаши мелени Греам крекери
- 1/4 чаша несолен путер, стопен
- 1 шолја крем сирење, омекнат
- 1/4 чаша шеќер во прав
- 1/4 чаша конзерви од смокви
- 1/2 лажичка екстракт од ванила
- Прстофат сол
- 1 шолја суви мисиски смокви, ситно сецкани
- 8 унци бело чоколадо, за потопување
- 1 лажица растително масло

ЗА КОМПОТ СО СМОКИ:
- 1 чаша суви мисиски смокви, сецкани
- 1/2 чаша вода
- 1/4 чаша шеќер
- 1/2 лажичка кора од лимон
- 1/2 лажичка сок од лимон

ЗА ГАНАШ:
- 4 унци полуслатка чоколада, исечкана
- 1/2 чаша густ крем

ИНСТРУКЦИИ:
ПОДГОТВЕТЕ ГО КОМПОТОТ СО СМОКИ:
a)   Во мало тенџере измешајте ги сечканите суви смокви, водата, шеќерот, кората од лимон и сокот од лимон.

b)   Оставете ја смесата да зоврие на средна температура, а потоа намалете ја топлината на минимум и оставете ја да врие околу 10 минути или додека смоквите не омекнат и смесата не се згусне.

c)   Тргнете го од оган и оставете го да се излади. Секој дополнителен компот можете да го чувате во фрижидер.

Направете го филот со сирење:
d)   Во средна чинија за матење измешајте ги крем сирењето, шеќерот во прав, конзервите од смокви, екстрактот од ванила и прстофат сол.

e)   Мешајте додека сите состојки добро да се соединат и изедначат.

СОБРАТЕТЕ ГИ БОНБОНИ:

f) Во посебен сад за матење измешајте ги мелените крекери од Греам и стопениот путер. Мешајте додека трошките рамномерно не се премачкаат со путерот.

g) Земете мала количина од смесата за крекери од Греам и притиснете ја на дното на силиконски калап или обичен сад за коцки мраз, создавајќи слој кора.

h) Во секој калап ставете мала количина од филот за чизкејк врз кората за крекер од Греам.

i) Врз филот за чизкејк додадете мала лажица од компотот од смокви.

j) Над компотот посипете дарежлива прстофат ситно сечкани суви мисиски смокви.

k) Наполнете го секој калап со повеќе фил за чизкејк, покривајќи го целосно компотот од смокви.

l) Замрзнете ги калапите најмалку 2 часа или додека не станат цврсти.

НАПРАВЕТЕ ГАНАШ ЧОКОЛАДЕН:

m) Во сад за микробранова печка, измешајте ги сечканото полуслатко чоколадо и дебелиот крем.

n) Се пече во микробранова во интервали од 30 секунди, мешајќи помеѓу нив, додека чоколадото целосно не се растопи и смесата се изедначи. Алтернативно, можете да го стопите чоколадото на шпорет со двоен бојлер.

СОБРАТЕТЕ ГИ БОНБОНИ:

o) Извадете ги замрзнатите бонбони за чизкејк од калапите.

p) Во сад за микробранова печка, стопете го белото чоколадо и растителното масло во интервали од 30 секунди, мешајќи помеѓу нив, додека не се изедначи.

q) Секоја бонбона натопете ја во стопената бела чоколада, осигурувајќи дека се рамномерно обложени. Оставете го вишокот чоколадо да капе.

r) Обложените бонбони ставете ги на плех обложен со хартија за печење.

s) Налејте го чоколадниот ганаш врз бонбоните и оставете го да се стегне.

t) Послужете и уживајте во вашите бонбони за чизкејк Mission Fig!

79.Бонбони за чизкејк од бобинки

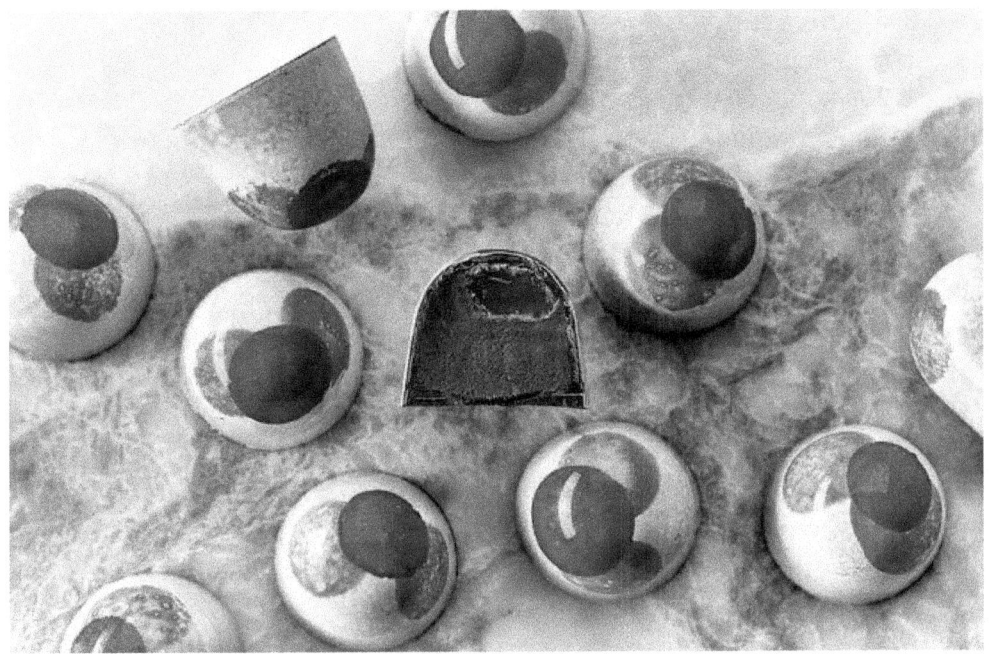

СОСТОЈКИ:

ЗА филот со чизкејк со бобинки:
- 8 мл крем сирење, омекнат
- 1/4 чаша шеќер во прав
- 1/2 лажичка екстракт од ванила
- 1/2 чаша мешани бобинки (јагоди, боровинки, малини итн.), ситно сецкани

ЗА НАДВОРЕШНИОТ ЧОКОЛАДЕН ПРЕГЛЕД:
- 8 мл, полуслатко или темно чоколадо со добар квалитет, сечкано
- 1 лажица растително масло или кокосово масло (опционално, за помазна облога)

ИНСТРУКЦИИ:

ПОДГОТВЕТЕ ГО филот за чизкејк со бобинки:
a)   Во сад за матење изматете го омекнатото крем сирење додека не стане мазно и кремасто.

b)   Додадете ги шеќерот во прав и екстрактот од ванила и мешајте додека не се соедини убаво.

c)   Нежно преклопете ги ситно сечканите мешани бобинки, внимавајќи да не се премешаат за да се задржи текстурата.

ОБРАКТЕТЕ ГО ФИЛОТ:
d)   Обложете лист за печење или плех со хартија за печење.

e)   Со помош на мала лажица или топка за диња, извадете мали делови од филот за чизкејк и обликувајте ги во мали топчиња. Ставете ги на пергамент хартија.

f)   Ставете го плехот во замрзнувач околу 20-30 минути за да се стегне филот за чизкејк.

ПОДГОТВЕТЕ ГО ЧОКОЛАДНАТА ПРЕГЛЕД:
g)   Во сад безбеден за микробранова печка или со помош на двоен котел, стопете ја сечканата чоколада. Ако користите, додадете го растителното масло за да создадете помазна и потенка чоколадна обвивка.

БОНБОНИТЕ НАПЛАТКАЈТЕ:

h)   Извадете го филот за чизкејк од замрзнувачот.

i)   Со помош на вилушка или чепкалка за заби, потопете ја секоја топка за чизкејк во стопената чоколада, осигурувајќи дека е целосно премачкана.

j)   Оставете го вишокот чоколадо да капе, а потоа повторно ставете ја обложената бонбона на плехот обложен со хартија за пергамент.

ОДЛАДЕТЕ И ПОСТАВЕТЕ:

k)   Плехот со премачканите бонбони ставете го во фрижидер и оставете ги да се оладат околу 30 минути или додека не се стегне чоколадната обвивка.

l)   Откако бонбоните се целосно наместени, можете да ги префрлите во чинија за сервирање или да ги чувате во херметички сад во фрижидер.

80.Бонбони за чизкејк од малини

СОСТОЈКИ:
- 1 шолја крем сирење, омекнат
- 1/2 чаша трошки од крекер од Греам
- 1/4 чаша џем од малини
- 1 чаша чипс од бело чоколадо
- 1 лажица кокосово масло

ИНСТРУКЦИИ:

a) Во сад измешајте крем сирење, трошки од Греам крекер и џем од малини додека не се изедначи.

b) Од смесата обликувајте мали топчиња и ставете ги на обложен плех.

c) Се топи бело чоколадо со кокосово масло во микробранова печка или со двоен котел.

d) Секоја топка за чизкејк потопете ја во стопената бела чоколада, рамномерно премачкајте ја.

e) Обложените топчиња повторно ставете ги на плехот и ставете ги во фрижидер додека не се стврдне чоколадото.

f) Послужете разладени и уживајте во вкусот на чизкејкот од малина!

81.Бонбон за чизкејк од цитрус

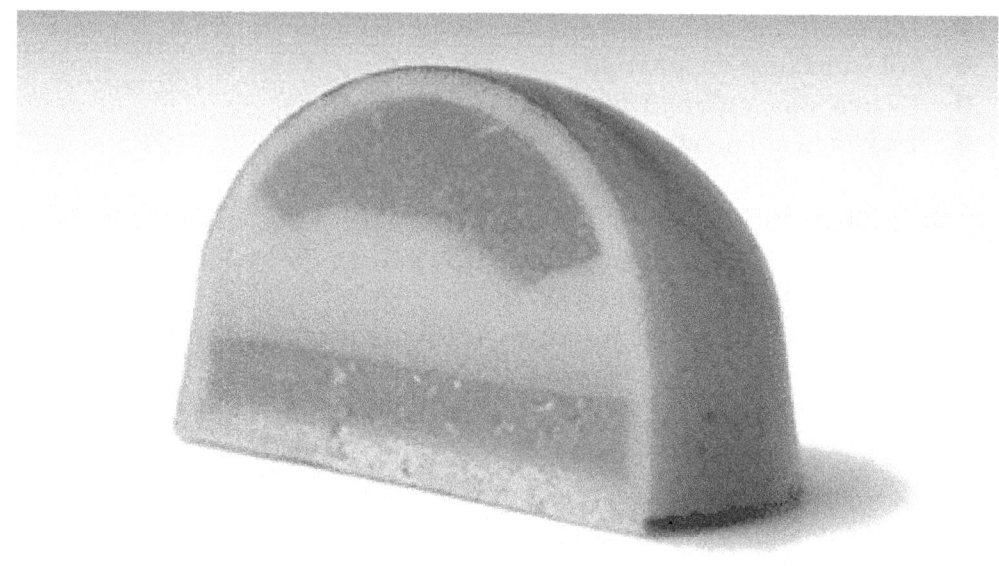

СОСТОЈКИ:
ЗА ГЕЛОТ ЗА ПАТЕ ДЕ ОВОШЕН ГЕЛ ОД CITRUS PIPEABLE:
- 1 чаша сок од цитрус (лимон, лимета, портокал или мешавина)
- 1/4 чаша гранулиран шеќер
- 2 лажици пектин
- Кора од агруми
- Жолта и портокалова боја за храна (опционално)

ЗА КРЕМСКО СИРЕЊЕ ГАНАШ:
- 8 мл крем сирење, омекнат
- 1/2 чаша бело чоколадо, исечкано
- 1/4 чаша густ крем
- 2 лажици несолен путер
- 1 лажичка чист екстракт од ванила

ЗА ДНОТО ЗА КОЛАЧИ кое може да се цеди:
- 1/2 чаша несолен путер, омекнат
- 1/4 чаша гранулиран шеќер
- 1 шолја универзално брашно
- 1/4 лажичка сол
- 1/2 лажичка чист екстракт од ванила

ЗА АЛТЕРНАТИВАТА БЕЗ ОРЕВИ:
- Користете путер од сончогледово семе или друг намаз без јаткасти плодови наместо дното на колачињата.

ИНСТРУКЦИИ:
ЗА ГЕЛОТ ЗА ПАТЕ ДЕ ОВОШЕН ГЕЛ ОД CITRUS PIPEABLE:
a) Во тенџере измешајте ги сокот од цитрус и шеќерот. Загрејте на средно-тивок оган, мешајќи додека не се раствори шеќерот.

b) Во посебен сад измешајте го пектинот со малку вода за да се добие кашеста маса. Додадете ја оваа кашеста маса во смесата со цитрус и постојано мешајте.

c) Оставете ја смесата да зоврие, а потоа намалете ја топлината и динстајте 2-3 минути додека не се згусне.

d) Тргнете го од оган, измешајте ја кората од цитрус и по желба додајте прехранбена боја.

e) Истурете го гелот во силиконски калап или обложен плех и оставете го да се излади и ставете го во фрижидер неколку часа или додека не се стегне.

ЗА КРЕМСКО СИРЕЊЕ ГАНАШ:

f) Растопете го белото чоколадо во микробранова печка или двоен котел и оставете го на страна да се излади малку.

g) Во сад за матење изматете го омекнатиот крем сирење додека не стане мазна и кремаста.

h) Во мало тенџере, загрејте ја густата павлака и путерот додека не се загрее, но не и врие. Истурете го ова врз стопената бела чоколада и измешајте додека не се изедначи.

i) Додадете ја смесата од бело чоколадо и екстрактот од ванила во крем сирењето и измешајте додека не се соедини убаво. Се трга на страна да се излади.

ЗА ДНОТО ЗА КОЛАЧИ кое може да се цеди:

j) Во сад за матење намачкајте ги омекнатиот путер и шеќерот додека не станат светли и меки.

k) Додадете го екстрактот од ванила, брашното и солта. Мешајте додека не се формира тесто.

l) Префрлете го тестото во кеса за цевки со голем кружен врв.

m) Ставете мала количина тесто на дното на вашите калапи за бонбони.

СОБРАНИЕ:

n) Во калапите ставете мала количина од крем сирењето ганаш на врвот од дното на колачињата.

o) Ставете парче од Citrus Pipeable Pate de Fruit Gel на врвот на ганашот.

p) Истурете уште еден слој од крем сирење Ганаш преку гелот, пополнувајќи ги калапите до врвот.

q) Оставете ги бонбоните во фрижидер неколку часа или додека не се стегнат.

r) Чувајте ги бонбоните за чизкејк од цитрус во херметички сад во фрижидер за подолг рок на траење. Правилното складирање ќе помогне во одржувањето на нивната свежина и вкус.

82.Бонбон за чизкејк од цреши

СОСТОЈКИ:

ЗА ФИЛОТ ЗА ЧИЗКЛАК ЦИШЕН:

- 8 мл крем сирење, омекнат
- 1/4 чаша шеќер во прав
- 1/2 лажичка екстракт од ванила
- 1/2 чаша фил од конзервирана пита со вишни

ЗА НАДВОРЕШНИОТ ЧОКОЛАДЕН ПРЕГЛЕД:

- 8 мл, добро квалитетно бело или темно чоколадо, сечкано
- 1 лажица растително масло или кокосово масло (опционално, за помазна облога)

ИНСТРУКЦИИ:

ПОДГОТВЕТЕ ГО филот за чизкејк со вишни:

а) Во сад за матење измматете го омекнатото крем сирење додека не стане мазно и кремасто.

b) Додадете ги шеќерот во прав и екстрактот од ванила и мешајте додека не се соедини убаво.

c) Нежно преклопете го филот од конзервирана пита со вишни, внимавајќи да не се премеша за да се задржи текстурата.

ОБРАКТЕТЕ ГО ФИЛОТ:

d) Обложете лист за печење или плех со хартија за печење.

e) Со помош на мала лажица или топка за диња, извадете мали делови од филот за чизкејк од вишни и обликувајте ги во мали топчиња. Ставете ги на пергамент хартија.

f) 3. Замрзнете го филот:

g) Ставете го плехот во замрзнувач околу 20-30 минути за да се стегне филот за чизкејк.

ПОДГОТВЕТЕ ГО ЧОКОЛАДНАТА ПРЕГЛЕД:

h) Во сад безбеден за микробранова печка или со помош на двоен котел, стопете ја сечканата чоколада. Ако користите, додадете го растителното масло за да создадете помазна и потенка чоколадна обвивка.

i) Извадете го филот за чизкејк од замрзнувачот.

j) Со помош на вилушка или чепкалка за заби, натопете го секое топче од чизкејк од вишни во стопеното чоколадо, осигурувајќи се дека е целосно премачкано.

k) Оставете го вишокот чоколадо да капе, а потоа повторно ставете ја обложената бонбона на плехот обложен со хартија за пергамент.

ОДЛАДЕТЕ И ПОСТАВЕТЕ:

l) Плехот со премачканите бонбони ставете го во фрижидер и оставете ги да се оладат околу 30 минути или додека не се стегне чоколадната обвивка.

m) Откако бонбоните се целосно наместени, можете да ги префрлите во чинија за сервирање или да ги чувате во херметички сад во фрижидер.

83.Бонбон за чизкејк од јагоди

СОСТОЈКИ:

ЗА ФИЛОТ ЗА ЧИЗКЕК ОД ЈАГОДИ:

- 8 мл крем сирење, омекнат
- 1/4 чаша шеќер во прав
- 1/2 лажичка екстракт од ванила
- 1/2 чаша свежи јагоди, ситно сецкани

ЗА НАДВОРЕШНИОТ ЧОКОЛАДЕН ПРЕГЛЕД:

- 8 мл, добро квалитетно бело или темно чоколадо, сечкано
- 1 лажица растително масло или кокосово масло (опционално, за помазна облога)

ИНСТРУКЦИИ:

ПОДГОТВЕТЕ ГО филот за чизкејк од јагоди:

a) Во сад за матење изматете го омекнатото крем сирење додека не стане мазно и кремасто.

b) Додадете ги шеќерот во прав и екстрактот од ванила и мешајте додека не се соедини убаво.

c) Нежно преклопете ги ситно сечканите свежи јагоди, внимавајќи да не се премешаат за да се задржи текстурата.

ОБРАКТЕТЕ ГО ФИЛОТ:

d) Обложете лист за печење или плех со хартија за печење.

e) Со помош на мала лажица или балер за диња, извадете мали делови од филот за чизкејк од јагоди и обликувајте ги во мали топчиња. Ставете ги на пергамент хартија.

f) Ставете го плехот во замрзнувач околу 20-30 минути за да се стегне филот за чизкејк.

ПОДГОТВЕТЕ ГО ЧОКОЛАДНАТА ПРЕГЛЕД:

g) Во сад безбеден за микробранова печка или со помош на двоен котел, стопете ја сечканата чоколада. Ако користите, додадете го растителното масло за да создадете помазна и потенка чоколадна обвивка.

h) Извадете го филот за чизкејк од замрзнувачот.

i) Со помош на вилушка или чепкалка за заби, потопете го секое топче за чизкејк од јагоди во стопеното чоколадо, осигурувајќи се дека е целосно премачкано.

j) Оставете го вишокот чоколадо да капе, а потоа повторно ставете ја обложената бонбона на плехот обложен со хартија за пергамент.

ОДЛАДЕТЕ И ПОСТАВЕТЕ:

k) Плехот со премачканите бонбони ставете го во фрижидер и оставете ги да се оладат околу 30 минути или додека не се стегне чоколадната обвивка.

l) Откако бонбоните се целосно наместени, можете да ги префрлите во чинија за сервирање или да ги чувате во херметички сад во фрижидер.

СОСТОЈКИ:

- 1 шолја крем сирење, омекнат
- 1/4 чаша шеќер во прав
- Кора од 1 лимон
- 1/2 чаша боровинки, свежи или замрзнати
- 1 чаша чипс од бело чоколадо
- 1 лажица кокосово масло

ИНСТРУКЦИИ:

a) Во сад измешајте крем сирење, шеќер во прав и кора од лимон додека не се изедначи.

b) Нежно преклопете ги боровинките.

c) Од смесата обликувајте мали топчиња и ставете ги на обложен плех.

d) Се топи бело чоколадо со кокосово масло во микробранова печка или со двоен котел.

e) Секоја топка за чизкејк потопете ја во стопената бела чоколада, рамномерно премачкајте ја.

f) Обложените топчиња повторно ставете ги на плехот и ставете ги во фрижидер додека не се стврдне чоколадото.

БОНБОНИ ИСПИРИРАНИ ОД ДЕСЕРТ

85.Божикни бонбони

СОСТОЈКИ:
ЗА РУСКИТЕ ЧАЈНИ КОЛАЧИ:
- 1 Рецепт Руски чајни колачи, печени и целосно изладени, но не валани во шеќер

ЗА ГЛАЗ:
- 4 чаши шеќер за слатки
- 1/3 чаша топло млеко
- 3 лажици несолен путер, омекнат
- 1 лажица светло пченкарен сируп
- 1 лажичка екстракт од ванила
- 1 лажичка растително масло
- 1/4 лажичка сол
- Црвена и зелена боја за храна
- 4 унци бело полуслатко чоколадо, стопено (опционално)

ИНСТРУКЦИИ:
ЗА РУСКИ ЧАЈНИ КОЛАЧИ (КОЛАЧИ):
a)   Подгответе серија руски колачи со чај по рецептот што го имате. Печете ги колачињата и оставете ги целосно да се изладат, но не виткајте ги во шеќер. Стави на страна.

b)   За шлаг:

c)   Во сад со средна големина ставете го слаткарскиот шеќер. Постепено мешајте го врелото млеко додека не постигнете мазна конзистентност на глазурата.

d)   Додадете го омекнатиот несолен путер и мешајте додека не се изедначи добро.

e)   Измешајте го светлосниот сируп од пченка, екстрактот од ванила, растителното масло и малку сол додека смесата не се изедначи.

f)   Поделете ја глазурата на половина. Едната половина обојте ја со црвена боја за храна, а другата половина со зелена прехранбена боја, создавајќи празнични божиќни бои.

СОБРАТУВАЊЕ НА БОЖИЌНИТЕ БОНБОНИ:

g) Земете ја секоја изладена руска торта од чај и целосно потопете ја во обоената глазура, еден по еден. Оставете вишокот на глазура да капе и ставете ги премачканите колачиња на жичана решетка поставена над весник за да се исушат. Ова ќе помогне да се фатат сите капки и да се олесни чистењето.

h) Откако ќе се исуши првиот слој од глазурата, повторете го процесот на потопување за да обезбедите подебел и порамномерен слој од глазура.

i) Откако ќе се исуши вториот слој, можете да станете креативни со преливање на преостанатиот шлаг над бонбоните во атрактивен дизајн. Алтернативно, можете да изберете да нароете стопено бело полуслатко чоколадо за дополнителен декоративен допир.

j) Оставете ги бонбоните да се стегнат и глазурата да се стегне пред да ги послужите или подарите овие прекрасни новогодишни почести.

86.Бонбони од бел слез

СОСТОЈКИ:

- 1 шолја млечна чоколада, ситно сечкана
- ½ чаша густ крем
- 1 шолја бел слез, мини или со редовна големина, исечени на мали парчиња
- ¼ шолја незасладено какао во прав (за тркалање)

ИНСТРУКЦИИ:

a) Ставете ја млечната чоколада во сад отпорен на топлина.

b) Во мало тенџере загрејте ја густата павлака на средна топлина додека не почне да крчка. Тргнете од оган.

c) Топлата павлака прелијте ја со сечканата млечна чоколада и оставете ја да отстои една минута.

d) Мешајте ја смесата додека чоколадото целосно не се стопи и изедначи.

e) Додадете ги парчињата бел слез во чоколадната смеса и мешајте додека целосно не се соединат.

f) Покријте го садот со најлонска фолија и ставете го во фрижидер околу 2 часа или додека смесата не се стегне.

g) Од изладената смеса изматете лажички и превртете ги во мали топчиња.

h) Виткајте ги бонбоните во незасладено какао во прав за рамномерно да се премачкаат.

i) Ставете ги бонбоните во херметички сад и ставете ги во фрижидер додека не се подготвени за сервирање.

87.Солени бонбони од карамел ѓеврек

СОСТОЈКИ:

- 8 унци темно чоколадо, ситно сечкано
- ½ чаша густ крем
- 2 лажици несолен путер, на собна температура
- ¼ чаша солени карамел сос
- Мелени ѓевреци, за премачкување

ИНСТРУКЦИИ:

a) Сечканото темно чоколадо ставете го во сад отпорен на топлина.

b) Во мало тенџере загрејте ја густата павлака на средна топлина додека не почне да крчка. Тргнете од оган.

c) Истурете го врелиот крем врз сечканото чоколадо и оставете го да отстои непречено 1-2 минути.

d) Нежно мешајте ја смесата додека чоколадото целосно не се стопи и изедначи.

e) Додадете го путерот и солениот карамел сос. Мешајте додека целосно не се вклопи.

f) Покријте го садот со пластична фолија и ставете го во фрижидер најмалку 2 часа или додека не се стегне.

g) Со помош на лажичка или мала топка, исечете го ганашот и расукајте го во топчиња.

h) Виткајте ги бонбоните во мелени ѓевреци за да се премачкаат.

i) Чувајте ги БОНБОНИ во фрижидер додека не се подготвени за уживање.

88.Бонбони за сладолед

СОСТОЈКИ:

- 1 литар од вашиот омилен сладолед
- 2 чаши сечкани пекан или други јаткасти плодови
- 12 унци полуслатки парчиња чоколада
- 1/2 чаша маргарин
- 1 лажица инстант кафе во прав

ИНСТРУКЦИИ:

a)   Користете голема топка од диња или лажица за да создадете топчиња за сладолед од литар сладолед. Секое топче за сладолед веднаш превртете го во сечканите ореви, грижејќи се да бидат добро обложени. Ставете ги топчињата сладолед обложени со ореви на плех или плех и ставете ги во замрзнувач додека не се целосно замрзнати, што треба да трае најмалку 1 час.

b)   Во двоен бојлер растопете ги полуслатките чоколадни парчиња и маргаринот над топла вода. Ако немате двоен котел, можете да користите сад отпорен на топлина, поставен над тенџере со вода што врие.

c)   Измешајте го инстант кафето во прав во смесата од растопено чоколадо и маргарин додека не се соедини добро.

d)   Отстранете ја смесата чоколадо-кафе од изворот на топлина, но држете ја топла над топла водена бања.

e)   Работејќи што е можно побрзо, користете вилушка за да ги потопите замрзнатите топчиња сладолед во топлата смеса од чоколадо-кафе, осигурувајќи дека се рамномерно обложени.

f)   Потопете сетови од 10 до 12 бонбони одеднаш, а потоа вратете ги во замрзнувач да се стегнат. Чоколадната обвивка треба да се зацврсти за неколку минути.

g)   Откако целосно ќе се стегне чоколадото и ќе се стегнат бонбоните, наредете ги во хартиени чаши, со 3 или 4 бонбони по порција.

h)   Покријте ги или завиткајте ги хартиените чаши со фолија или пластична фолија и чувајте ги бонбоните во замрзнувачот додека не сте подготвени да ги послужите.

89.Солени бонбони за сладолед со вител карамел

СОСТОЈКИ:

- 2 чаши солен сладолед од карамела, омекнат
- 1/2 чаша карамел сос
- 1 чаша млечни чоколадни чипови
- 1 лажица растително масло
- Морска сол за посипување

ИНСТРУКЦИИ:

a) Во сад, извртувајте го сосот од карамела во омекнат посолен сладолед додека не се соедини добро.

b) Од смесата обликувајте мали топчиња и ставете ги на обложен плех.

c) Замрзнете ги топчињата околу 1 час.

d) Се топи млечно чоколадо со растително масло во микробранова печка или со двоен котел.

e) Потопете ја секоја замрзната солена топка од карамела во стопената чоколада, рамномерно премачкајте ја.

f) Врз секое обложено топче посипете прстофат морска сол.

g) Обложените топчиња повторно ставете ги на плехот и замрзнете ги додека не се стврдне чоколадото.

90.Бонбони за сладолед од ванила

СОСТОЈКИ:

- 2 шолји сладолед од ванила, малку омекнат
- 1 чаша чоколадни чипови (темно, млечно или бело чоколадо)
- 1 лажица кокосово масло или растително масло
- Изборни додатоци: сецкани ореви, посипување, сечкан кокос итн.

ИНСТРУКЦИИ:

a) Извадете мали порции малку омекнат сладолед од ванила и обликувајте ги во мали топчиња. Ставете ги топчињата во плех обложен со хартија за печење и замрзнете ги најмалку 1-2 часа додека не се стегнат.

b) Пред да продолжите со облогата, вметнете чепкалки за заби или мали раженчиња во центарот на секоја топка за сладолед. Така полесно ќе ги потопите во чоколадото.

c) Во сад за микробранова печка или со двоен котел, растопете ги чоколадните парчиња и кокосовото масло заедно додека не се изедначи. Добро измешајте да се соединат.

d) Секоја замрзната топка сладолед потопете ја во стопената чоколада, осигурувајќи се дека е целосно премачкана. Оставете го вишокот чоколадо да капе.

e) Ако сакате, превртете ја топката за сладолед обложена со чоколадо во сечкани ореви, попрскувачи, сечкан кокос или кој било друг прелив по ваш избор.

f) Обложените топчиња сладолед повторно ставете ги на плехот и вратете ги во замрзнувач. Оставете ги да се замрзнат дополнителни 1-2 часа или додека чоколадото целосно не се стегне.

g) Откако бонбоните целосно ќе се замрзнат и ќе се стегне чоколадото, извадете ги чепкалките или ражничките и послужете веднаш.

91.Бонбони за торта од морков

СОСТОЈКИ:

- 3 чаши Остатоци од торта од морков
- 4 лажици Течен чизкејк
- ½ порција Млечна трошка, ситно мелена во процесор за храна
- 3 унци бело чоколадо, стопено

ИНСТРУКЦИИ:

a)   Комбинирајте ги остатоците од колачот од морков и 25 g (2 лажици) течен чизкејк во садот со миксер на кој е опремен додатокот за лопатка и лопатете додека не се навлажни доволно за да се замесите во топка. Ако не е доволно влажен за да го направите тоа, додадете до 25 g (2 лажици) повеќе течен чизкејк и замесете го.

b)   Со помош на лажица за супа, изделете 12 изедначени топчиња, секоја половина со големина на топче за пинг-понг. Секој од нив превртете го меѓу дланките за да го обликувате и измазнете во тркалезна сфера.

c)   Во среден сад ставете ги мелените млечни трошки. Со ракавици од латекс, ставете 2 лажици од белото чоколадо на дланка и секое топче превртете го меѓу дланките, премачкајќи го со тенок слој од растопено чоколадо; додадете повеќе чоколадо по потреба.

d)   Во садот со млечни трошки ставете по 3 или 4 топчиња прекриени со чоколадо. Веднаш фрлете ги со трошките за премачкување, пред да се стегне чоколадната лушпа и повеќе да не делува како лепак (ако се случи тоа, само премачкајте ја топката во друг тенок слој од растопено чоколадо).

e)   Ставете го во фрижидер најмалку 5 минути за целосно да ги наместите чоколадните лушпи пред да ги јадете или да ги чувате. Во херметички сад, бонбоните ќе се чуваат до 1 недела во фрижидер.

92.Колачиња и бонбони од крем за сладолед

СОСТОЈКИ:

- 2 чаши колачиња и крем сладолед, омекнат
- 1 чаша чоколадни сендвичи колачиња, мелени
- 1 шолја чипс од темно чоколадо
- 1 лажица кокосово масло

ИНСТРУКЦИИ:

a) Во сад измешајте омекнати колачиња и крем сладолед со мелени чоколадни сендвичи колачиња додека убаво не се соединат.

b) Од смесата обликувајте мали топчиња и ставете ги на обложен плех.

c) Замрзнете ги топчињата околу 1 час.

d) Се топи темно чоколадо со кокосово масло во микробранова печка или со двоен котел.

e) Потопете ги сите замрзнати колачиња и крем топката во стопената темна чоколада, рамномерно премачкајте ги.

f) Обложените топчиња повторно ставете ги на плехот и замрзнете ги додека не се стврдне чоколадото.

93.БОНБОНИ

СОСТОЈКИ:

- 1 чаша трошки од греам крекер
- 1/2 чаша пената од бел слез
- 1/2 чаша млечни чоколадни чипови
- 1 шолја чипс од темно чоколадо
- 1 лажица растително масло

ИНСТРУКЦИИ:

a) Во сад измешајте ги трошките од крекерот од Греам и пената од бел слез додека добро не се соединат.

b) Од смесата обликувајте мали топчиња и ставете ги на обложен плех.

c) Се топи млечно чоколадо со растително масло во микробранова печка или со двоен котел.

d) Потопете го секое топче во топено млечно чоколадо, рамномерно премачкајте го.

e) Обложените топчиња повторно ставете ги на плехот и ставете ги во фрижидер додека не се стврдне чоколадото.

f) Во посебен сад, растопете чипс од темно чоколадо со растително масло.

g) Прелијте ја темната чоколада врз поставената млечна чоколадна обвивка.

h) Оставете ги бонбоните целосно да се стегнат пред да ги послужите.

94.Бонбони за торта од црвено кадифе

СОСТОЈКИ:

- 2 чаши трошки од црвено кадифе торта (од печен црвено кадифе торта)
- 1/2 чаша крем сирење замрзнување
- 1 чаша чипс од бело чоколадо
- 1 лажица растително масло
- Црвена боја за храна (опционално)

ИНСТРУКЦИИ:

a) Во сад измешајте ги трошките од црвено кадифе од колачот и крем сирењето додека убаво не се соединат.

b) Од смесата обликувајте мали топчиња и ставете ги на обложен плех.

c) Замрзнете ги топчињата околу 30 минути.

d) Се топи бело чоколадо со растително масло во микробранова печка или со двоен котел.

e) Додадете црвена прехранбена боја на стопеното бело чоколадо ако сакате подлабока црвена боја.

f) Секое замрзнато црвено кадифено топче за торта потопете го во стопеното бело чоколадо, рамномерно премачкајте го.

g) Обложените топчиња повторно ставете ги на плехот и ставете ги во фрижидер додека не се стврдне чоколадото.

95.Бонбони од чоколадна еспресо торта

СОСТОЈКИ:

- 2 чаши трошки од чоколадна торта (од печена чоколадна торта)
- 1/2 чаша чоколаден ганаш
- 1 шолја чипс од темно чоколадо
- 1 лажица растително масло
- Инстант еспресо во прав (за бришење прашина)

ИНСТРУКЦИИ:

a) Во сад измешајте ги трошките од чоколадниот колач и чоколадниот ганаш додека убаво не се соединат.

b) Од смесата обликувајте мали топчиња и ставете ги на обложен плех.

c) Замрзнете ги топчињата околу 30 минути.

d) Се топи темно чоколадо со растително масло во микробранова печка или со двоен котел.

e) Секоја замрзната чоколадна торта со еспресо потопете ја во стопената темна чоколада, рамномерно премачкајте ја.

f) Посипете го врвот на секоја обложена топка со инстант еспресо во прав.

g) Обложените топчиња повторно ставете ги на плехот и ставете ги во фрижидер додека не се стврдне чоколадото.

96.Бонбони за торта од афион од лимон

СОСТОЈКИ:

- 2 чаши трошки од торта од афион од лимон (од печен колач од афион од лимон)
- 1/2 чаша замрзнување од лимон
- 1 чаша чипс од бело чоколадо
- 1 лажица растително масло
- кора од лимон (за гарнир)

ИНСТРУКЦИИ:

a) Во сад измешајте ги трошките од тортата од афион од лимон и мрзувањето од лимон додека убаво не се соединат.

b) Од смесата обликувајте мали топчиња и ставете ги на обложен плех.

c) Замрзнете ги топчињата околу 30 минути.

d) Се топи бело чоколадо со растително масло во микробранова печка или со двоен котел.

e) Секоја замрзната топка за торта од афион од лимон потопете ја во стопената бела чоколада, рамномерно премачкајте ја.

f) Одозгора на секое премачкано топче украсете го со кора од лимон.

g) Обложените топчиња повторно ставете ги на плехот и ставете ги во фрижидер додека не се стврдне чоколадото.

97.Бонбони за пита со јаболка

СОСТОЈКИ:

- 2 чаши фил за пита со јаболка, ситно сецкани
- 1/2 чаша трошки од крекер од Греам
- 1 чаша чипс од бело чоколадо
- 1 лажица растително масло
- Шеќер од цимет (за бришење прашина)
- Зелена боја за храна

ИНСТРУКЦИИ:

a) Во сад измешајте го сечканиот фил за пита со јаболка и трошките од крекерот Греам додека убаво не се соединат.

b) Од смесата обликувајте мали топчиња и ставете ги на обложен плех.

c) Замрзнете ги топчињата околу 30 минути.

d) Се топи бело чоколадо со растително масло и зелена прехранбена боја во микробранова печка или со двоен котел.

e) Секое замрзнато топче од пита со јаболка потопете го во стопеното бело чоколадо, премачкувајќи рамномерно.

f) Посипете го врвот на секое премачкано топче со шеќер од цимет.

g) Обложените топчиња повторно ставете ги на плехот и ставете ги во фрижидер додека не се стврдне чоколадото.

98.Клучни бонбони за пита од лимета

СОСТОЈКИ:

- 2 шолји фил за клучна пита со лимета, ситно сецкан
- 1/2 чаша трошки од крекер од Греам
- 1 чаша чипс од бело чоколадо
- 1 лажица растително масло
- Кора од лимета (за гарнир)

ИНСТРУКЦИИ:

a) Во сад измешајте го сечканиот фил за клучна пита од лимета и трошките од греам крекерот додека добро не се соединат.

b) Од смесата обликувајте мали топчиња и ставете ги на обложен плех.

c) Замрзнете ги топчињата околу 30 минути.

d) Се топи бело чоколадо со растително масло во микробранова печка или со двоен котел.

e) Секоја замрзната клучна топка за пита од лимета натопете ја во стопената бела чоколада, рамномерно премачкајте ја.

f) Одозгора на секое премачкано топче украсете го со кора од лимета.

g) Обложените топчиња повторно ставете ги на плехот и ставете ги во фрижидер додека не се стврдне чоколадото.

СОСТОЈКИ:

- 2 чаши тесто за колачиња со чоколадни чипови (домашно или купено во продавница)
- 1 чаша млечни чоколадни чипови
- 1 лажица растително масло

ИНСТРУКЦИИ:

a) Од тестото за колачиња обликувајте мали топчиња и ставете ги на обложен плех.

b) Замрзнете ги топчињата околу 1 час.

c) Се топи млечно чоколадо со растително масло во микробранова печка или со двоен котел.

d) Секоја замрзната топка од тесто за колачиња потопете ја во стопената чоколада, рамномерно премачкајте ја.

e) Обложените топчиња повторно ставете ги на плехот и ставете ги во фрижидер додека не се стврдне чоколадото.

100.Орео и бонбони со сирење

СОСТОЈКИ:

- 2 чаши Орео колачиња, мелени
- 1 шолја крем сирење, омекнат
- 1 чаша чипс од бело чоколадо
- 1 лажица кокосово масло

ИНСТРУКЦИИ:

a) Во сад измешајте ги мелените Орео колачиња и омекнатото крем сирење додека убаво не се соединат.

b) Од смесата обликувајте мали топчиња и ставете ги на обложен плех.

c) Замрзнете ги топчињата околу 1 час.

d) Се топи бело чоколадо со кокосово масло во микробранова печка или со двоен котел.

e) Секоја замрзната топка од тартуфи Орео потопете ја во стопената бела чоколада, рамномерно премачкајте ја.

f) Обложените топчиња повторно ставете ги на плехот и ставете ги во фрижидер додека не се стврдне чоколадото.

ЗАКЛУЧОК

Како што доаѓаме до последното поглавје од „Декадентната уметност на бонбоните", ја изразуваме нашата срдечна благодарност што ни се придружи на ова чудно патување во светот на задоволствата со големина на залак. Се надеваме дека секој рецепт бил извор на радост, инспирација и, пред сè, потсетник дека животот е малку посладок кога е украсен со магијата на бомбоните.

Уметноста на изработката на бонбони се протега надвор од кујната; тоа е прослава на малите животни задоволства и моментите кои стануваат спомени. Додека ги уживате последните остатоци од овие снисходливи креации, ве охрабруваме да го носите духот на „Декадентната уметност на бонбоните" во вашето секојдневие.

Нека магијата на овие конфекции остане во вашите сетила, а спомените создадени околу овие слатки задоволства нека бидат безвременски како и уметноста што се користела во нивното изработка. Ви благодариме што ни дозволивте да бидеме дел од вашата кулинарска авантура, и нека вашите денови продолжат да се попрскуваат со волшебноста што може да ја донесе само декадентната уметност на бонбони.

Додека не се сретнеме повторно во светот на слаткото уживање, среќно правење бонбони!

Milton Keynes UK
Ingram Content Group UK Ltd.
UKHW020733291223
435170UK00014B/556